Omraam Mikhaël Aïvanhov

Der Glaube versetzt Berge

Reihe Izvor – Band 238

PROSVETA VERLAG

INHALT

Da Meister Omraam Mikhaël Aïvanhov seine Lehre ausschließlich mündlich überlieferte, wurden seine Bücher aus stenografischen Mitschriften, Tonband- und Videoaufnahmen seiner frei gehaltenen Vorträge erstellt.

I

GLAUBE, HOFFNUNG UND LIEBE

Wenn man heutzutage jemanden fragt: »Glauben Sie?«, dann heißt das: »Glauben Sie an Gott?« Tatsächlich wird das Wort Glaube« mittlerweile ausschließlich dem religiösen Bereich zugeordnet. Glaube und Religion sind sogar dermaßen eng miteinander verbunden, dass man dazu neigt, die Religion dem Glauben gleichzusetzen. Dabei lässt man die beiden anderen Tugenden, Hoffnung und Liebe, beiseite. Diese drei bezeichnet man als die sogenannten »göttlichen Tugenden«, was bedeutet, dass sie Gott in den Mittelpunkt stellen. Um also besser verstehen zu können, was Glaube ist, muss man ihn zuerst zwischen den beiden anderen Tugenden, der Hoffnung und der Liebe, einordnen.

Paulus schreibt in seinem ersten Brief an die Korinther: *»Nun bleiben Glaube, Hoffnung, Liebe, diese drei« (1. Kor 13,13).* Der Glaube, die Hoffnung und die Liebe... Wenn ihr die Leute fragt, was diese Worte für sie bedeuten, könnt ihr sicher sein, dass die meisten von ihnen nur mit den Schultern zucken werden. Einige erinnern sich vielleicht daran, dass sie in ihrer Kindheit in der Kirche von diesen drei Tugenden gehört haben, aber all das ist für sie sehr weit weg und sagt ihnen nicht viel.

Aber in Wirklichkeit glauben, hoffen und lieben alle Menschen, ganz egal, auf welcher Entwicklungsstufe sie stehen und welche Bildung sie haben. Wenn jedoch ihr Glaube, ihre Hoffnungen und ihre Liebe ihnen so viele Enttäuschungen bescheren, liegt das daran, dass sie nicht wissen, wen oder was sie zum Gegenstand ihres Glaubens, Hoffens und Liebens machen sollen und ohne Zweifel wissen sie nicht einmal, was es bedeutet, an Gott zu glauben, auf Ihn zu hoffen und Ihn zu lieben.

Ein Beispiel für die drei Tugenden Glaube, Hoffnung und Liebe gibt uns Jesus in der Episode in den Evangelien, wo der Teufel ihn in Versuchung führt. Ich habe euch den tiefen Sinn dieser drei Versuchungen schon mehrmals erklärt, aber es gibt noch viele Erkenntnisse, die ihr daraus gewinnen könnt:

»Da wurde Jesus vom Geist in die Wüste geführt, damit er von dem Teufel versucht würde. Und da er vierzig Tage und vierzig Nächte gefastet hatte, hungerte ihn. Und der Versucher trat zu ihm

und sprach: Bist du Gottes Sohn, so sprich, dass diese Steine Brot werden. Er aber antwortete und sprach: Es steht geschrieben: Der Mensch lebt nicht vom Brot allein, sondern von einem jeden Wort, das aus dem Mund Gottes geht. Da führte ihn der Teufel mit sich in die heilige Stadt und stellte ihn auf die Zinne des Tempels und sprach zu ihm: Bist du Gottes Sohn, so wirf dich hinab; denn es steht geschrieben: Er wird Seinen Engeln deinetwegen Befehl geben; und sie werden dich auf den Händen tragen, damit du deinen Fuß nicht an einen Stein stößt. Da sprach Jesus zu ihm: Wiederum steht auch geschrieben: Du sollst den Herrn, deinen Gott, nicht versuchen. Darauf führte ihn der Teufel mit sich auf einen sehr hohen Berg und zeigte ihm alle Reiche der Welt und ihre Herrlichkeit und sprach zu ihm: Das alles will ich dir geben, wenn du niederfällst und mich anbetest. Da sprach Jesus zu ihm: Weg mit dir, Satan! Denn es steht geschrieben: Du sollst anbeten den Herrn, deinen Gott, und ihm allein dienen. Da verließ ihn der Teufel. Und siehe, da traten Engel zu ihm und dienten ihm« (Mt 4,1-11).

Wenn man die drei Vorschläge, die der Teufel Jesus macht, aufmerksam studiert, entdeckt man, dass sie sich auf die drei Ebenen, die physische, die astrale (Gefühle und Begierden) und die mentale (die Gedanken) beziehen.

Jesus hat Hunger und der Teufel schlägt ihm

vor, die Steine der Wüste in Brot zu verwandeln. Das Brot ist ein Symbol für die Nahrung und im weitesten Sinne für alles, was Grundlage für unser Leben auf der physischen Ebene ist.

Dann heißt es dort, dass der Teufel Jesus in die heilige Stadt brachte, also nach Jerusalem, ihn auf das Dach des Tempels stellte und ihm dort vorschlug, sich hinunterzustürzen. Um überzeugender zu wirken und zu zeigen, dass er nichts zu befürchten habe, da Gott ihn schützen werde, geht der Teufel sogar so weit, den Psalm 91 zu zitieren: *»Denn er hat Seinen Engeln befohlen, dass sie dich behüten auf allen deinen Wegen, dass sie dich auf den Händen tragen und du deinen Fuß nicht an einen Stein stoßest« (Ps 91,11-12).* Der Tempel ist ein Symbol für Religion, also für das Herz. Da Jesus von seinem Vater geliebt wird und er seinen Vater liebt, versucht der Teufel, Jesus davon zu überzeugen, dass der Sohn Gottes sich immer auf himmlischen Schutz verlassen kann, was immer er auch tut.

Zuletzt führt der Teufel Jesus auf den Gipfel eines hohen Berges und verspricht ihm alle Königreiche der Erde für den Fall, dass er einwilligt, sich vor ihm niederzuwerfen. Der hohe Berg symbolisiert den Kopf, die Mentalebene, den Intellekt. Es ist nämlich der Intellekt, der den Menschen veranlasst, sich für den Herrn der Welt zu halten und sogar Gott herauszufordern. Jenen unsinnigen Stolz, der einen Teil der Engel dazu bewogen hat, sich gegen Gott aufzulehnen, wollte der Teufel auch in Jesus wecken.

Jesus aber widersteht allen Versuchungen, in die ihn der Teufel führt, da er gelernt hat, seinen physischen Körper (der physischen Nahrung stellt er die spirituellen Nahrungsquellen gegenüber), seinen Astralkörper (er will nicht ohne Grund die Liebe Gottes auf die Probe stellen) und seinen Mentalkörper (er weigert sich, sich dem Herrn gleichzustellen, er will Sein Diener bleiben) zu beherrschen.

Es ist sehr wichtig, den Sinn dieser drei Versuchungen zu verstehen, die Jesus durchmachen musste, denn auch wir müssen sie jeden Tag in unserem täglichen Leben bestehen. Und wenn wir innere Fortschritte machen wollen, müssen wir uns zuallererst mit diesem Thema befassen und diesbezüglich klar sehen. Dies beweist auch die Stelle, an der diese Episode in den Evangelien steht: Ganz am Anfang! Jesus wurde gerade durch Johannes den Täufer im Jordan getauft, hat noch nicht einmal seine ersten Jünger ausgewählt und auch noch nicht zu lehren begonnen. Wer sich in den Dienst des Herrn stellen will, muss zuerst das Problem der drei Versuchungen regeln.

Ihr werdet einwenden, dass wir dem physischen Körper, dem Herzen und dem Intellekt, die uns von Gott gegeben wurden, doch wohl die Nahrung geben müssen, die sie brauchen. Sicher, das ist absolut notwendig. Aber es gibt verschiedene Arten von Nahrung und ebenso verschiedene Wege, um sie zu suchen. Und genau dafür, nämlich uns bei der Auswahl und der Suche dieser Nahrung zu leiten, brauchen wir Hoffnung, Glaube und Liebe. Denn die Hoffnung steht mit dem physischen Körper in Zusammenhang, der Glaube mit dem Herzen oder dem Astralkörper und die Liebe mit dem Intellekt oder dem Mentalkörper.

Das Brot ist also, wenn man es sehr weit auslegt, ein Symbol für alles, was unsere physische Existenz sichert. Was tut denn jemand, der nicht auf den Herrn hofft? Er zittert um seine materielle Sicherheit und hat nur noch eine Idee im Kopf: Seine Geschäfte voranzutreiben, Reserven anzuhäufen und seine Gewinne zu maximieren. Er lässt sich nicht nur von den alltäglichsten Aktivitäten völlig vereinnahmen, sondern er wird auch verleitet, sich den anderen gegenüber ungerecht und unehrlich zu verhalten. Er hat keinerlei Skrupel, ihnen zu schaden und sie mit Füßen zu treten. So verschließt er sich den Zugang zu jeder Art von spiritueller Nahrung.

Auf Gott zu hoffen, bedeutet, sich von allen Zukunftsängsten zu befreien: Werde ich etwas zu Essen haben, etwas zum Anziehen, ein Dach über dem Kopf? In der Bergpredigt warnt uns Jesus vor der Zukunftsangst: *»Darum sorgt nicht für morgen, denn der morgige Tag wird für das Seine sorgen. Es ist genug, dass jeder Tag seine eigene Plage hat« (Mt 6,34).*

Während die Hoffnung mit dem physischen Körper verbunden ist, steht der Glaube mit dem Herz in Verbindung. Das Herz ist der Tempel, in dem Gott wohnt. Als Jesus dem Teufel antwortete: »Wiederum steht auch geschrieben: Du sollst den Herrn, deinen Gott, nicht versuchen« (Mt 4,7), so bewies er damit seinen Glauben an Gott, der in ihm wohnte und er weigerte sich, Ihn herauszufordern. Denn Glaube besteht nicht darin, sich in den Abgrund zu stürzen in der Überzeugung, der Herr werde Seine Engel schicken, um uns im Fall aufzufangen. Wer meint, dass Gott die Unvernünftigen schützt, die sich absichtlich Gefahren aussetzen, hat schlicht und einfach illusorische Glaubensüberzeugungen. Und gerade weil die Menschen Glaubensüberzeugungen mit Glauben verwechseln, erleben sie dermaßen viele Enttäuschungen in ihrem Leben und so viele Misserfolge anstelle der erwarteten Erfolge.

Die dritte Versuchung schließlich, die den Kopf betrifft, kann nur mit Hilfe der Liebe überwunden werden. Der Teufel hat Jesus auf einen hohen Berg gebracht. Bei uns entspricht symbolisch betrachtet unser Kopf dem Berggipfel. Wer auf dem Gipfel angelangt ist, hat Wissen, Autorität und Macht. Aber die Geschichte hat es gezeigt: Sobald ein Mensch an die Macht kommt, kann er nur sehr schwer all den Möglichkeiten widerstehen, die sich ihm nun auftun, wie zum Beispiel Geld, Vergnügungen und Ruhm. Er glaubt, dass ihm von diesem Moment an alles erlaubt ist. Wie viele äußerst bemerkenswerte Menschen sind letztendlich zu Fall gekommen und Opfer ihres Stolzes geworden! Nur die Liebe zum Höchsten kann uns vor diesen Gefahren schützen. Wir verdanken Ihm all unsere Fähigkeiten, all unsere Talente, und wenn wir Ihn aufrichtig und innig lieben, wird uns genau diese Liebe vor dem Stolz bewahren.

Hoffnung, Glaube und Liebe sind also die einzigen Kräfte, die uns in die Lage versetzen, unser Leben unter den besten physischen, psychischen und spirituellen Bedingungen zu durchschreiten. Auf Gott zu hoffen, befreit uns von den Sorgen des materiellen Lebens. An Ihn zu glauben, befreit uns von allen Illusionen. Und ihn zu lieben, ermöglicht es uns, den Gipfel zu erreichen und dort auch bleiben zu können, ohne einen Absturz zu riskieren.

Setzt euch mit dem Leben von Menschen auseinander, die Glauben, Hoffnung und Liebe haben, seht euch an, wie sie arbeiten, wie sie immer stärker, schöner und lebendiger werden, wie sie Schwierigkeiten meistern und Prüfungen durchstehen und jede von ihnen als mögliche Bereicherung empfinden. Diese drei Tugenden erscheinen euch weit hergeholt und fremd, weil ihr sie auf zu abstrakte Weise betrachtet. Ihr spürt nicht, dass sie die drei Säulen des psychischen Lebens bilden. Um euch zu helfen, ihre Wichtigkeit zu verstehen und zu spüren, gebe ich euch eine Übung, die ihr machen sollt.

Man bezeichnet den Glauben, die Hoffnung und die Liebe als die »göttlichen Tugenden«, weil man durch sie mit Gott in Verbindung treten kann. Aber auch hierbei neigen die Menschen dazu, Gott als etwas Abstraktes zu betrachten. Wenn sie sich Ihn nicht als einen alten Mann mit langem weißen Bart vorstellen, der damit beschäftigt ist, ihre guten und vor allem ihre schlechten Taten zu notieren, um sie dafür zu belohnen oder zu bestrafen, dann wissen die meisten nicht recht, wie sie sich Ihn vorstellen sollen. Ich habe es euch jetzt schon sooft erklärt: Das beste Bild von Gott ist die Sonne, die Leben, Licht und Wärme verteilt. Nur Leben, Licht und Wärme der Sonne können uns eine Ahnung davon vermitteln, was die Kraft, die Weisheit und die Liebe Gottes sind. Jetzt liegt es an uns, mit dieser göttlichen Kraft, Weisheit und Liebe in Kontakt zu treten. Und wie können wir das? Mit Hilfe der Hoffnung, des Glaubens und der Liebe. Durch unsere Hoffnung, unseren Glauben und unsere Liebe können wir mit der Quintessenz der Gottheit in Berührung kommen, die Weisheit, Kraft und Liebe ist.

Hier also die Übung: Sprecht langsam und indem ihr euch auf jedes einzelne dieser Worte konzentriert das folgende Gebet: »Herr, ich liebe Deine Weisheit, ich glaube an Deine Liebe, ich hoffe auf Deine Kraft.« Durch unsere Liebe kommunizieren wir mit der göttlichen Weisheit, durch unseren Glauben kommunizieren wir mit der göttlichen Liebe und durch unsere Hoffnung kommunizieren wir mit der göttlichen Kraft. Dies sind sehr einfache Begriffe, die aber einiger Erklärungen bedürfen.

»Herr, ich liebe Deine Weisheit.« Die Weisheit hat etwas mit Kälte gemeinsam und die Liebe mit Wärme. Unser Herz hat viel Wärme, viel Schwung und Enthusiasmus, aber es spürt, dass es unwissend ist, dass ihm das Unterscheidungsvermögen und das richtige Maß fehlt, sodass es Gefahr läuft, zahlreiche Fehler zu begehen und zu leiden. Daher muss es das lieben und nach dem suchen, was ihm fehlt und was es braucht: nach Weisheit.

»Ich glaube an Deine Liebe...« Man braucht die Liebe nicht zu lieben, aber man sollte an sie glauben. Ein Kind glaubt an die Liebe seiner Mutter und fühlt sich deshalb bei ihr sicher. Liebe und Glaube sind miteinander verbunden. Wenn ihr an jemanden glaubt, wird er euch lieben. Liebt ihn und er wird an euch glauben. Und da die Liebe des

Schöpfers das Fundament des Universums ist, ist Er es – und nur Er – dem man absolutes Vertrauen entgegenbringen kann. Unser Glaube an die Geschöpfe und Dinge hat nur dann eine solide Basis, wenn wir zunächst unseren Glauben an die göttliche Liebe entwickelt haben.

»Ich hoffe auf Deine Kraft...« So oft hört man, dass es die Hoffnung ist, die uns am Leben hält. Zu jedem Jahresbeginn wünscht man sich gegenseitig das Beste und hofft, dass das neue Jahr besser als das vergangene sein wird und Lösungen für alle Probleme bringt. Aber worauf gründen all diese Hoffnungen? Auf Geld und Waffen... auf schwache, labile Menschen. Deswegen werden diese Hoffnungen immer enttäuscht. In Wahrheit kann man nur auf die wahre Kraft und die wahre Beständigkeit zählen, die göttliche Kraft und Allmacht.

Seht ihr jetzt, wie dieses Gebet Verbindungen zur göttlichen Welt herstellt? Wenn ihr sagt: »Herr, ich liebe Deine Weisheit«, treten eure Liebe und die göttliche Weisheit miteinander in Kontakt und Gott gewährt euch, aufgrund eurer Liebe, dass ihr weiser werdet. Wenn ihr sagt: »Herr, ich glaube an Deine Liebe«, dann zieht euer Glaube die Liebe Gottes an und Gott liebt euch, weil ihr an Ihn glaubt. Wenn ihr sagt: »Ich hoffe auf Deine Kraft«, dann wendet sich eure Hoffnung an die göttliche Kraft, die dank eurer Hoffnung beginnt, euch zu schützen.

Hoffnung, Glaube und Liebe entsprechen jeweils der Form, dem Inhalt und dem Sinn. Die Hoffnung steht in Zusammenhang mit der Form (dem physischen Körper), der Glaube mit dem Inhalt (dem Herzen), und die Liebe mit dem Sinn (dem Intellekt). Die Form ist es, die den Inhalt gestaltet und schützt. Der Inhalt bringt die Kraft hervor, und die Kraft hat nur dann eine Daseinsberechtigung, wenn sie einen Sinn hat.

Wenn der Mensch durch verschiedene Ereignisse enttäuscht und über sein Schicksal frustriert ist, neigt er dazu, alles in die Zukunft zu verlagern: »Schon bald, in einigen Tagen, in einigen Monaten... wird es besser gehen«. Natürlich gibt man erst zuallerletzt die Hoffnung auf, aber während man auf bessere Zeiten wartet, muss man etwas finden, worauf man sich stützen kann, um durchzuhalten. Dazu braucht man aber nicht nur den Glauben, sondern man muss auch das Leben in seinem Inneren aufrechterhalten, Wärme und Schwung bekommen und dank der Liebe bewahrt man diesen Schwung. Sonst kann die Hoffnung nur eine Flucht vor der Realität sein, und dann wird auch sie uns eines Tages verlassen.

Um niemals die Hoffnung zu verlieren, muss man den Glauben und die Liebe in seinem Inneren nähren und sie jedes Mal, wenn Schwierigkeiten auftauchen, zu Hilfe rufen. Im Allgemeinen tun die Menschen jedoch genau das Gegenteil. Bei der geringsten Enttäuschung, beim kleinsten Hindernis verschließen sie ihr Herz, verlieren den Glauben und auch die Hoffnung verlässt sie... außer jene, sich zu rächen, und das mit Mitteln, die nicht immer sehr empfehlenswert sind. Aber das beunruhigt sie nicht. Sie finden alle möglichen Argumente, um ihre feindselige und rachsüchtige Einstellung zu rechtfertigen. Wie kann man ihnen nur begreiflich machen, dass die Schwierigkeiten ganz im Gegenteil durch Glauben, Hoffnung und Liebe besiegt werden? Ja, die Schwierigkeiten bekommen wir ganz gezielt, um diese drei Tugenden zu entwickeln. Das setzt aber voraus, dass Gott Gegenstand dieses Glaubens, dieser Hoffnung und dieser Liebe ist. Diese drei Tugenden können mit den drei Seiten eines Prismas aus Kristallglas verglichen werden. Die göttliche Gegenwart ist dann der Sonnenstrahl, der auf dieses Prisma fällt und in die sieben Farben gebrochen wird.

In einem sciner Vorträge mit dem Titel »Die drei großen Kräfte« sagte Meister Peter Deunov: »Die Menschen lassen sich sehr leicht entmutigen, und um sich zu rechtfertigen, geben sie den Umständen, in denen sie leben, die Schuld. Nein, die wahre Ursache für ihre Entmutigung liegt nicht in den äußeren Umständen, sondern in dem Umstand, dass sie zu wenig Hoffnung, zu wenig Glauben und zu wenig Liebe haben. Um auf dem Lebensweg mit festen Schritten voranzuschreiten, müssen sie in sich selbst die drei Quellen – den Glauben, die Hoffnung und die Liebe – stärken. Wo befinden sich diese Quellen? Im Gehirn. Ja, in unserem Gehirn besitzen wir drei Zentren, die Antennen für den Glauben, die Hoffnung und die Liebe sind, denn Glaube, Hoffnung und Liebe sind kosmische Kräfte.«

All unsere Fähigkeiten, all unsere Tugenden haben ihren Sitz im Gehirn. Und da Glaube, Hoffnung und Liebe Tugenden sind, die uns direkt mit Gott verbinden, haben sie ihren Sitz im oberen Teil des Kopfes: Ganz oben die Liebe, ein bisschen weiter vorne beidseits der Glaube, etwas zurückgesetzt und ebenfalls beidseits, die Hoffnung.

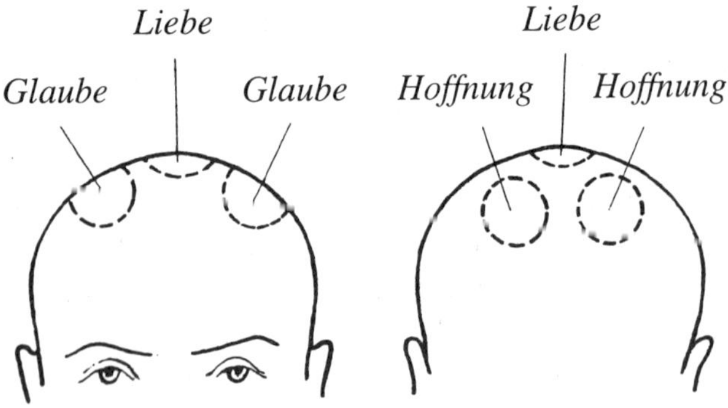

Meister Peter Deunov sagte auch: »Der Mensch soll innerlich folgende drei Gewänder tragen: Die Hoffnung, das menschliche Gewand, den

Glauben, das engelhafte Gewand und die Liebe, das göttliche Gewand. Jeden Menschen, der diese drei Gewänder Hoffnung, Glaube und Liebe trägt, nenne ich heilig...« und weiter: »Die Hoffnung löst das Problem von einem Tag, der Glaube löst das Problem der Jahrhunderte und die Liebe ist die Kraft, die die Ewigkeit umfasst.« Warum sagt der Meister, dass die Hoffnung das Problem eines Tages löst? Das führt uns zurück zu jener Passage in den Evangelien, die ich vorhin zitiert habe, wo Jesus sagte: *»Sorgt euch also nicht um morgen; denn der morgige Tag wird für sich selbst sorgen. Jeder Tag hat genug eigene Plage.«* Ihr seht, alles passt zusammen.

Glaube, Hoffnung und Liebe... wie viele unserer Zeitgenossen nehmen diese Tugenden zur Hilfe, um die Probleme ihres Alltags zu lösen? Sie vertrauen den Fortschritten der Wissenschaften und der Technik, den Versicherungen, den Gerichten u.s.w. Aber Glaube, Hoffnung und Liebe, pah! Das war gut genug für die Vergangenheit, für das Mittelalter... sie aber sind doch moderne Männer und Frauen. Nun, wenn sie meinen, aber sie werden schon sehen. Sie werden herausfinden, ob Wissenschaften, technische Errungenschaften, Versicherungen und Gerichte es ihnen ermöglichen, all ihre Probleme zu lösen und sie glücklich zu machen... Ich sage nicht, man solle rückschrittlich sein und alle Neuerungen ablehnen. Denn wenn der universelle Geist, der die Entwicklung der Geschöpfe lenkt, den Menschen diese Richtung einschlagen ließ, dann ist das nicht ohne Grund, dann liegt das daran, dass er diese Erfahrungen für notwendig hält und die Menschheit diesen Weg durchschreiten muss. Wenn sie ihre Erfahrungen dann gemacht hat, wird sie – geläutert und um all die neuen Errungenschaften bereichert – zum Schöpfer zurückkehren. Der Mensch, der »nach dem Bilde Gottes« geschaffen wurde, muss sich nach allen Richtungen hin entwickeln, um Ihm eines Tages ähnlich zu werden. Und um Ihm ähnlich zu sein, müssen sein Glaube, seine Hoffnung und seine Liebe von der Materie mit all ihren Fallen und Versuchungen auf die Probe gestellt worden sein.

Wer gemäß dem Glauben, der Hoffnung und der Liebe lebt, lebt nach den universellen Gesetzen. Mit dem Glauben, der Hoffnung und der Liebe könnt ihr euer Dasein aufbauen. Ruft diese kosmischen Kräfte herbei und bittet sie um Hilfe, macht sie zu euren Beraterinnen, denn so könnt ihr wirklich euch selbst und der ganzen Menschheit helfen.

II

DAS SENFKORN

Wenn jemand mit Überzeugung, Enthusiasmus und Durchhaltevermögen an eine Sache herangeht, sagt man manchmal: »Er hat einen Glauben, der Berge versetzt«. Jene, die diese Redensart benutzen, haben vielleicht vergessen, ja manche haben überhaupt nie gewusst, dass dieser Ausspruch seinen Ursprung in den Evangelien hat. Eines Tages, als Jesus seinen Jüngern ihre Ungläubigkeit zum Vorwurf machte, sagte er ihnen: *»Denn wahrlich, ich sage euch: Wenn ihr Glauben habt wie ein Senfkorn, so könnt ihr sagen zu diesem Berge: Heb dich dorthin!, so wird er sich heben; und euch wird nichts unmöglich sein« (Mt 17, 20).* Aber wie soll man diese Worte interpretieren?

Es war einmal eine alte Bäuerin, die sich über einen kleinen Hügel ärgerte, der ihr die Aussicht verbaute. Jeden Morgen, wenn sie ihre Fensterläden öffnete, konnte sie es sich nicht verkneifen, über diesen Hügel zu schimpfen. Jetzt, wo sie alt und gebrechlich war, konnte sie nicht mehr so wie früher auf der Wiese ihre Kühe hüten. Wenn dieser unglückselige Hügel nicht gewesen wäre, dann hätte sie sie wenigstens von ihrem Fenster aus sehen können. Doch an einem Sonntag Morgen in der Messe sprach der Priester in seiner Predigt ausführlich über den Vers: *»Wenn euer Glaube auch nur so groß ist wie ein Senfkorn, dann werdet ihr zu diesem Berg sagen...« (Mt 17,20).* Zufrieden sagte sie sich, dass sie endlich die Lösung gefunden hatte. Am Abend, als sie ihre Fenster schloss, sprach sie ein kurzes Gebet und wandte sich dann mit bestimmtem Ton an den Hügel: »Morgen, wenn ich aufwache, will ich dich hier nicht mehr sehen, hörst du?« Dann legte sie sich ruhig schlafen. Als sie am nächsten Tag erwachte, ging sie rasch ihre Fensterläden öffnen: Der Berg hatte sich nicht gerührt. Nachdem sie ihre Enttäuschung zum Ausdruck gebracht hatte, grollte sie: »Eigentlich wundert mich das gar nicht: Das habe ich erwartet!«

Natürlich hatte diese Frau Recht, dass sie zweifelte, denn niemand konnte jemals einen Berg bewegen, und Jesus hat auch nicht von uns verlangt, Berge zu versetzen. Man muss dieses Bild symbolisch verstehen. Der Beweis hierfür ist, dass Jesus selbst sich niemals darum gekümmert hat, Berge zu versetzen, und niemand hat das Recht das zu tun. Wozu sollte man auch? Und was würde geschehen, wenn man den Glauben der Menschen daran messen müsste, dass sie in der Lage sind, Berge zu versetzen? Welch ein Durcheinander im Gelände und beim Klima! Auch die Flüsse und die Seen würden versetzt und alles, was damit zusammenhängt. Man sollte also die Berge in Ruhe lassen. Sie haben dort, wo sie sich befinden, ihre Aufgabe zu erfüllen.

Jetzt denkt ihr: »Aber warum hat Jesus so etwas gesagt?« Es gibt sogar noch eine andere Stelle in den Evangelien, wo er zu seinen Jüngern sagte: *»...wenn ihr zu diesem Berge sagt: Heb dich und wirf dich ins Meer!, so wird's geschehen« (Mt 21,21).* Wie soll man das verstehen, wenn er es nicht erklärt hat? Erinnert euch, dass Johannes am Ende seines Evangeliums berichtet, dass die Welt nicht groß genug wäre, um all die Bücher aufzunehmen, die man schreiben könnte, wenn man alles niederschreiben wollte, was Jesus gesagt und getan hat... Selbst wenn das übertrieben ist, beweist es, dass die Evangelien bei weitem nicht vollständig sind. Sie geben nur das Gerüst der Lehre Jesu wieder, und es liegt an uns, mit Hilfe des Lichtes der Einweihungswissenschaft dieses Knochengerüst mit Fleisch zu versehen.

Wenn es also nicht um die physischen Berge geht, von welchen Bergen spricht Jesus dann? Von unseren inneren, psychischen Bergen. Ja, all die Hindernisse, all die Schwierigkeiten, die wir in uns angehäuft haben, das sind die Berge, die uns den Weg verbauen und uns daran hindern voranzukommen. Ihr werdet sagen: »Gut, wir haben verstanden: Dieses Bild vom Berg betrifft die psychische Ebene. Aber kann denn unser Glaube, wie stark er auch immer sein mag, ausreichen, um mit einem Schlag einen Berg von Schwierigkeiten und Problemen zu versetzen, die wir über viele Inkarnationen angehäuft haben?« Wer hat gesagt, dass ihr ihn auf einen Schlag versetzen müsst? Wenn ihr das Bild vom Senfkorn richtig zu interpretieren wüsstet, würdet ihr verstehen, dass Jesus das nicht sagt.

Betrachten wir eine andere Stelle in den Evangelien, wo Jesus auch vom Senfkorn spricht: *»Das Himmelreich gleicht einem Senfkorn, das ein Mensch nahm und auf seinen Acker säte; das ist das kleinste unter allen Samenkörnern; wenn es aber gewachsen ist, so ist es größer als alle Kräuter und wird ein Baum, sodass die Vögel unter dem Himmel kommen und wohnen in seinen Zweigen« (Mt 13,31-32).* Ja, das Senfkorn ist winzig, aber was macht man mit einem Korn? Man sät es, und wenn es einmal in der Erde ist, dann keimt und wächst es... In diesem Bild des Senfkorns, das Jesus verwendet, ist wichtig, dass es sich um ein Samenkorn handelt und dass ein Samenkorn dazu bestimmt ist, gesät zu werden. Wenn es dann in der Erde liegt, bleibt es nicht untätig: Wenn es gesund und von guter Qualität ist, keimt es und wird zu einem Baum. Aber nicht auf einen Schlag. Das braucht Zeit.

Weil ein Berg so groß und ein Senfkorn so winzig ist, sticht denen, die dieses Gleichnis von Jesus lesen, zuallererst das Missverhältnis zwischen der Größe des Berges und jener des Senfkorns ins Auge, und sie stellen keine weiteren Betrachtungen an. Deswegen können sie dieses Gleichnis nicht richtig interpretieren. Um es richtig auszulegen, muss man zuerst über die Natur und die Eigenschaften des Samens nachdenken. Wenn ein Mensch, dessen Glaube nur so groß ist wie ein Senfkorn, eines Tages Berge versetzen kann, dann liegt das daran, dass dieses Korn, sobald es in sein Herz oder in seine Seele gepflanzt ist, wächst und sich entwickelt. Wenn es zum Baum wird, kommen die Vögel des Himmels, das heißt die lichtvollen Wesenheiten der unsichtbaren Welt, um darin zu wohnen. Und diese Wesenheiten kommen nicht mit leeren Händen. Sie bringen alle Geschenke des Himmels: Weisheit, Liebe, Reinheit, Frieden, Kraft... und dank dieser Geschenke erlangt der Mensch nach und nach die Fähigkeit, Berge zu versetzen.

Für einen Christen ist es wesentlich zu verstehen, was Jesus sagen wollte, wenn er von dem Glauben sprach, der in der Lage ist, Berge zu versetzen. Denn sonst begnügt man sich damit, Worte zu wiederholen, deren Sinn verloren gegangen ist.

Genauso wie jene Worte aus der Bergpredigt ihres Sinnes beraubt wurden: *»Darum sollt ihr vollkommen sein, wie euer Vater im Himmel vollkommen ist« (Mt 5,48)*. Der Mensch ist so schwach, so unbeständig, wie könnte er einen Berg versetzen? Und er hat so viele Fehler, so viele Schwächen, wie könnte er die Vollkommenheit seines Himmlischen Vaters erreichen? Das ist nicht möglich! Und so hat man aus Unverständnis, aus Nachlässigkeit, aus Faulheit, ja, vor allem aus Faulheit, die Quintessenz der Lehre Christi links liegen gelassen. Es ist um so viel einfacher, die menschlichen Schwächen und Unzulänglichkeiten zu unterstreichen und sich dabei einzubilden, dass man damit sozusagen seine Klarheit, seine Vernunft und Bescheidenheit beweist! Jesus aber hatte diese Art von Bescheidenheit nicht. Er hatte für den Menschen, der nach dem Bilde Gottes geschaffen ist, die allerhöchsten Ziele: Wenn er es will, wenn er sich anstrengt, wird er eines Tages die Vollkommenheit seines Himmlischen Vaters erreichen. Und wenn er Glauben hat, wird es ihm gelingen, Berge zu versetzen. Das heißt, dass ihm alle Macht – zunächst natürlich die Macht über sich selbst – gegeben wird.

Der Glaube ist daher vergleichbar mit einem Samenkorn, das man säen muss – aber selbstverständlich nicht mit irgendeinem beliebigen Samenkorn. Dieser Samen, der zu einem Baum wird, zu dem die Vögel des Himmels kommen, um darin zu wohnen, ist gar nicht so leicht zu erkennen. Im Gegenteil, er ist sehr leicht zu verwechseln mit Samenkörnern aller möglichen Glaubensüberzeugungen und Aberglauben! Das ist der Grund, weshalb die Christen noch nicht viele Berge versetzt haben. Der erste Schritt, den man also machen muss, ist, dieses Samenkorn – den Glauben – erkennen zu lernen.

III

WAHRER GLAUBE
UND PERSÖNLICHE ÜBERZEUGUNG

Ein Pfarrer wandte sich eines Tages an seine Pfarrgemeinde, die mehrheitlich aus sehr reichen Menschen bestand. Er sagte zu ihnen: »Meine Brüder, wie ihr seht, ist unsere Kirche sehr alt und muss restauriert werden. Das wird sehr viel kosten. Lasst uns also darüber nachdenken, was wir tun können...« Die Leute aus der Pfarrgemeinde waren sich über die Antwort völlig einig: Sie wollten zu Gott beten, damit Er ihnen helfe, das nötige Geld aufzutreiben. »Was?« rief der Pfarrer erbost, »ihr seid Milliardäre und wollt Gott bemühen, um einen Geldbetrag zu erhalten, den ihr leicht selbst aufbringen könnt?«

Genau so verstehen viele Gläubige den Glauben: Sie bitten darum, dass der Himmel einschreitet, um ihre persönlichen Angelegenheiten in Ordnung zu bringen, obwohl sie sehr gut allein zurechtkommen könnten, wenn sie sich dazu entschließen würden, das dafür Notwendige zu tun.

Wenn sie ein bisschen selbstlos sind, bitten sie um Frieden für die Welt und dass es weniger unglückliche Menschen geben soll... Aber sie verlassen sich in erster Linie auf den Herrn, der für ihr Wohlergehen, ihren Komfort und ihre Sicherheit sorgen soll. Jemand fährt in Urlaub und während er seine Haustüre abschließt, spricht er in Gedanken ein kleines Gebet: »Herr, beschütze mein Haus.« Aber als er wieder zurückkommt, muss er feststellen, dass er »Besucher« hatte. Dann fragt er sich wutentbrannt, wie es sein konnte, dass der Herr nicht da geblieben ist, pflichtgetreu zu seinen Diensten. Ja, der Herr ist ein Hausmeister, der das Haus bewachen muss, während der »Hausherr« ausgeht.

Jetzt fragt ihr: »Ja ist denn das Gebet nicht ein Ausdruck unseres Glaubens?... Soll man denn nicht beten? Doch, man soll beten. Aber Beten besteht nicht darin, Gott seine Wünsche und Forderungen vorzutragen. Der Herr hat uns alle materiellen und spirituellen Mittel gegeben, damit wir unsere eigenen Bedürfnisse und sogar die der anderen abdecken können. Das Gebet soll uns nur dazu dienen, uns zu erheben, um diese Mittel zu finden. Gott hat Seine Arbeit sozusagen bereits abgeschlossen, und zwar schon vor langer Zeit. Es ist also nicht Seine Aufgabe, uns das zu beschaffen, was uns fehlt. Es liegt an uns, das zu tun. Wozu ist es gut, Ihn anzurufen, damit Er uns Gesundheit schenkt oder die Zuneigung der anderen, wenn wir weiterhin ein Leben führen, das uns krank oder unsympathisch macht? Und wofür ist es gut, um Frieden zu bitten, wenn wir in unserem Inneren wahrhafte Schlachtfelder mit uns herumtragen? Natürlich ist das Gebet ein Ausdruck des Glaubens, aber der Glaube muss als eine Kraft verstanden werden, die den Menschen dazu motiviert, Fortschritte zu machen und über sich selbst hinauszuwachsen. Nur gibt es eben einen Glauben, der von Einsatzbereitschaft und Aktivität beseelt ist und einen Glauben, der von Faulheit beseelt ist. Wie viele Menschen nennen das Glaube, was lediglich persönliche Überzeugung oder sogar ein geistiger Irrweg ist?

Um die eigene Ungeschicklichkeit, eigene Irrtümer und Misserfolge zu rechtfertigen, sagt man: »Aber ich habe geglaubt, dass...« Ja, man hat geglaubt und geglaubt, aber dieser Glaube hat nur dazu geführt, dass ihr euch geirrt habt. Und das Schlimme dabei ist, dass ein solcher »Glaubender« auch weiterhin glaubt... und sich weiterhin irrt! Wie lange noch? Bis er es lernt, seine persönliche Überzeugung durch Glauben, wahrhaften Glauben zu ersetzen, der auf Wissen basiert. Instinktiv spürt man diesen Unterschied zwischen persönlicher Überzeugung und Glaube, weil man doch manchmal sagt »ich glaube« und damit seine Unsicherheit zum Ausdruck bringt. Wenn man sagt »ich glaube, er kommt morgen«, ist man sich in Wahrheit nicht ganz sicher. Es handelt sich dabei um eine persönliche Überzeugung. Und die Frage: »Glauben Sie, dass...?« zeugt auch davon, dass man dabei ist, unbekanntes Gebiet zu erkunden. Auf bekanntem Gebiet zu arbeiten, also auf einem Gebiet, wo man dank geduldiger Arbeit langjährige Erfahrung erworben hat, das ist wahrer Glaube.

Nehmen wir ein ganz einfaches Beispiel: Ein Gärtner hat verschiedene Samen. Er sät sie und er kann ohne Sorge, dass er sich irren könnte, sagen, wo der Salat wachsen wird, wo die Radieschen usw. Und das lässt sich auch überprüfen, denn es handelt sich um ein Wissen, das auf Beobachtungen und Erfahrung basiert. Viele Menschen leben aber mit Vorstellungen, die mit einem Gärtner vergleichbar sind, der auf eine Ernte wartet, obwohl er nichts gesät hat oder, der Karottensamen aussät und darauf wartet, dass daraus Porree wächst. Sie erwarten Dinge, die nicht verwirklichbar sind, weil sie weder Wissen noch Erfahrung haben. Man kann nur das ernten, was man gesät hat. Dann ja, dann kann man Glauben haben. Und, seht ihr, auch hier findet sich das Bild vom Samen wieder, das Jesus in seinem Gleichnis vom Senfkorn verwendet hat.

Man darf sich also keine Illusionen machen. Wenn man Misserfolge anstelle der erhofften Erfolge erntet, so liegt das daran, dass man nichts gesät hat bzw. es nicht verstanden hat, die richtigen Samen zu säen. Das lässt sich in allen Bereichen nachprüfen, sogar in dem der Religion. Viele bezeichnen sich als Gläubige oder Spiritualisten, aber wenn man sieht, mit welchen Widersprüchlichkeiten sie sich herumschlagen, fragt man sich wirklich, wie viel sie verstanden haben. Wie könnte man ihnen helfen? Wenn sie zunächst einmal zugeben könnten, dass sie sich irren, dass sie nicht wissen, was Glaube wirklich ist, wäre das schon ein Fortschritt. Stattdessen aber sind sie entrüstet, protestieren und erklären, welcher Religion sie angehören und woran sie glauben. Sie zählen die Gebete auf, die sie sprechen, die Zeremonien, an denen sie teilnehmen, und so weiter. Wie könnt ihr nur an ihrem Glauben zweifeln? Das sind Leute, die unglücklich, krank, eifersüchtig und verbittert sind und fluchen. Sie vergiften ihr Leben und auch das ihrer Mitmenschen, aber sie haben einen Glauben!

Diesen Unwissenden ist nicht bewusst, dass Glaube und Erfolg Hand in Hand gehen. Mit »Erfolg« meine ich den Sieg über die inneren Schwierigkeiten und Hindernisse. Sie kennen das Gleichnis Jesu vom Senfkorn nicht oder sie haben es vergessen. Nicht genug, dass sie keine Berge versetzen, nein, sie sind sogar darunter begraben. Was sie als ihren Glauben bezeichnen, sind in Wirklichkeit nur ihre persönlichen Überzeugungen oder

Ansichten. Doch sind diese Überzeugungen oft nicht besser begründet als die Ansichten. Überzeugungen sind natürlich etwas Mächtiges, da von ihnen eine Energie ausgeht. Wenn jemand überzeugt ist, sendet er Wellen aus, die alles wegfegen, was ihnen in den Weg kommt, so wie der Wind die herabgefallenen Blätter fortweht. Deshalb sind es oft die Verrückten, die den anderen ihre Überzeugungen aufzwingen, denn sie sind sich ihrer Sache absolut sicher. Aber wohin führt sie das? Auch diese Frage stellen sie sich nicht.

Man darf also Glaube und persönliche Glaubensüberzeugungen nicht verwechseln. Leider unterliegen die meisten Menschen, die behaupten Glauben zu haben, diesem Irrtum. Ja, denn man kann Überzeugungen haben, sogar Glaubensüberzeugungen, ohne einen wirklichen Glauben zu haben! Einen Glauben zu haben bedeutet, es zu verstehen, die richtigen Samen auszuwählen und sie in seinem Inneren auszusäen. Aus ihnen werden wunderbare Bäume wachsen, von denen man köstliche Früchte ernten wird. Wenn es nichts zu ernten oder nur Disteln und Dornen gibt, dann ist man noch kein guter Sämann, kein echter Glaubender.

Um zwischen Glaube und persönlicher Überzeugung gut unterscheiden zu können, braucht man Kriterien. Das erste Kriterium für den Glauben ist, dass er den Menschen besser, beständiger, harmonischer und aufmerksamer gegenüber den Mitmenschen macht. Es handelt sich dabei um einen Prozess, der sich ständig verstärken sollte, so wie der Baum im Gleichnis, der nicht aufhört, zu wachsen, sodass die Vögel des Himmels – das heißt, die Tugenden und die lichtvollen Wesen –, kommen, um in seinen Ästen zu wohnen.

Der Himmel verlangt von den Menschen nicht, dass sie vollkommen sein müssen, sondern dass sie an ihrer Vervollkommnung arbeiten. Eines Tages muss jeder Mensch sich sagen: »Jetzt habe ich verstanden, ich säe Samen in meiner Seele (Gedanken und Gefühle voll Licht und Liebe für ein hohes Ideal) und ich werde unablässig für sie sorgen, sie wärmen und gießen und sie mit dem Besten nähren, das ich habe. Ich weiß, dass das Universum von Gesetzen regiert wird, und eines dieser Gesetze ist, dass jeder Same am Ende Früchte hervorbringt.« Das ist wahrhafter Glaube. Welcher Religion ihr auch immer angehören mögt, dem Christentum, dem Islam, dem Judentum, dem Hinduismus und so weiter... solange ihr dieses Gesetz nicht verstanden habt und es nicht anwendet, habt ihr keinen Glauben, sondern bloß persönliche Überzeugungen, die euch nicht sehr weit bringen. Doch, sie können euch sehr weit bringen, aber eher nur zu Faulheit, zu Misserfolg, zu Auflehnung usw.

Persönliche Überzeugung ist nicht tragfähig, denn sie ist etwas, das von außen kommt, von der

Peripherie unseres Wesens, und früher oder später stürzt dieses Gedankengebäude in sich zusammen, wenn es mit der Realität konfrontiert wird. Der Gaube hingegen kommt von innen, aus dem Zentrum und aus diesem bekommt er seine Tragfähigkeit. Und welcher Irrtum sich einzubilden, der Glaube sei nur etwas für die Unwissenden, die Naiven oder gar für die etwas Zurückgebliebenen und dass es eine Etappe in der Entwicklung der Menschheit sei, sogenannte irrationelle Glaubensüberzeugungen aufzugeben! Im Gegenteil! Glaube basiert auf der Kenntnis der Gesetzmäßigkeiten. Gibt es denn eine höhere Wissenschaft als die der Gesetzmäßigkeiten?

Glauben zu haben bedeutet, dass man sein Leben auf eine feste Basis stellt, weil man die Gesetzmäßigkeiten kennt. Wer Glauben hat, spürt, dass er auf einem klar vorgezeichneten Weg voranschreitet. Er selbst ist es, der diesen Weg auswählt und sich entscheidet, ihn zu beschreiten, nachdem er sich von der Wahrhaftigkeit des Gesetzes von Ursache und Wirkung überzeugt hat. Und während er damit beschäftigt ist, etwas Beständiges und Schönes zu erbauen, hat er nicht die Zeit, sich um die Dummheiten zu kümmern, die rundherum erzählt bzw. gemacht werden. Seine Aufmerksamkeit konzentriert sich auf die Arbeit, die er begonnen hat. Und wenn er in seinem Leben auf Schwierigkeiten trifft, ist er bereits von den Ergebnissen gestärkt, die er dank dieser Arbeit erzielt hat und sie helfen ihm, seine Probleme zu überwinden.

So viele Menschen haben Probleme! Nichts erscheint ihnen sicher, überall sehen sie Gefahren, denn sie haben das Gefühl, als hätte man sie in dieses Leben gestoßen wie in ein Räderwerk, dessen Mechanismen sie nicht kennen. Das liegt allein daran, dass sie nicht wissen, wie man mit den Gesetzen arbeitet. Daher können sie sich den Weg nicht frei machen, um selbst ihre Zukunft zu sichern. Man kann seine Zukunft nicht auf einer schlechten Gegenwart aufbauen, denn zwischen den beiden besteht ein Zusammenhang. Solange man nicht gelernt hat, die Gegenwart auf ein solides Fundament zu stellen, hat man natürlich für die Zukunft alles Mögliche zu befürchten. Wie sollte man sich nicht fürchten, wenn man nicht weiß, wohin man geht und wenn man keinerlei Gewissheit hat und wenn man in der Dunkelheit lebt? Dunkelheit ist die Quelle aller Ängste, alles erscheint dann bedrohlich.

Man kann das Leben der Menschen mit der Durchquerung eines Waldes oder dem Besteigen eines hohen Berges vergleichen. Wie viele Anstrengungen muss man unternehmen, wie viele Gefahren überwinden, bis man zum Ziel gelangt! Und wenn man bei Dunkelheit diesen Wald durchquert oder jenen Berg besteigt, besteht die Gefahr, dass man sich verirrt, dass man von wilden Tieren angefallen wird, in einen Hinterhalt gerät, in einen Abgrund stürzt, usw. In der Dunkelheit ist man den Gefahren nicht nur wirklich ausgesetzt, sondern das Gefährlichste dabei ist die Angst, die man sich selbst macht, weil man die Geräusche und die vagen Formen, die sich da bewegen, nicht zuordnen kann. Man kann sich auf nichts verlassen und lebt in Angst und Sorge, indem man sich selbst einredet, dass ständig irgendetwas Schlechtes unmittelbar bevorsteht.

Glauben bedeutet, dass wir in unserem Inneren bereits eine Tür öffnen, und Angst haben bedeutet, dass wir genau dem Macht verleihen, wovor wir uns fürchten und so bereiten wir ihm den Weg, damit es uns schaden kann. Genau das ist, symbolisch gesprochen, das Leben der Menschen, die das Licht des Glaubens nicht haben, des wahren Glaubens, der in Wirklichkeit das wahrhafte Wissen ist, ein Wissen, das uns wie ein Licht begleitet, das uns Sicherheit und Frieden gibt. Selbst wenn man Prüfungen durchmachen muss, geht man ruhig vorwärts, wenn man weiß, wie die Dinge sind und ist voller Hoffnung für die Zukunft. Und hierbei kommt der Zusammenhang zwischen Glaube und Hoffnung, zwischen Gegenwart und Zukunft zutage.

Das wirft wieder ein neues Licht auf die Worte Jesu: »Darum sorgt nicht für morgen, denn der morgige Tag wird für das Seine sorgen. Es ist genug, dass jeder Tag seine eigene Plage hat« (Matt, 6,34). Erfüllt also heute eure Aufgabe in der Gewissheit, dass ihr die einzig richtige Sache tut. Das genügt. Ihr braucht euch um das Morgen nicht zu kümmern. Da der nächste Tag zwangsläufig mit dem vorhergehenden verbunden ist, wird auch er geordnet und harmonisch verlaufen. Es verhält sich auch hier wie bei einem Samenkorn, das ihr sät: Der Samen wird Früchte tragen.

Wie sehr irren sich also jene, die behaupten, es sei unmöglich, Kriterien für den Glauben aufzustellen! Sie brauchen nur sich selbst zu beobachten und das, was sich in ihrem psychischen, physischen oder sozialen Leben abspielt. Jedes Mal, wenn sie in einer Sackgasse stecken, bedeutet das, dass sie es nicht verstanden haben, ihren Glauben richtig umzusetzen. Mein Gott, ist es denn so schwierig zu verstehen, dass eine Ursache immer eine Wirkung hervorruft, die ihr entspricht, und dass man immer auf der Ebene der Ursachen suchen muss, wenn man eine Erklärung sucht für die Ereignisse und alles, was uns zustößt? Das ist das Kriterium für den Glauben. Ansonsten lebt man nur in der eingebildeten Überzeugung. Ja! Der Fisch schwimmt noch im Meer, aber weil man eine Pfanne mit Öl aufs Feuer gestellt hat, glaubt man, er müsse von selbst hineinspringen! Eben nicht! Von solchen irrigen Überzeugungen muss man sich befreien. Persönliche Überzeugung ist das Ergebnis von persönlichen Wünschen oder vom Spiel des Intellekts. Sie führt daher zwangsläufig zu Zweifel, Unruhe und Argwohn. Der Glaube hingegen ist eine absolute Gewissheit, die immer zu einem positiven Ergebnis führt.

Der wahre Glaube basiert also auf einem durch Erfahrung erworbenen Wissen. Den Menschen zieht es aber von Natur aus eher zur persönlichen Überzeugung hin als zum Wissen, denn die Überzeugung ergibt sich spontan und instinktiv, während Wissen Studium, Überlegung und Erfahrung erfordert. Persönliche Überzeugung geht daher immer dem Wissen voraus. Sobald man etwas weiß, verlässt man die Ebene der persönlichen Überzeugungen. Sie beziehen sich auch auf etwas weiter Entferntes, bis zu dem Augenblick, wo sie auch dort durch Wissen ersetzt werden. Das Wissen ist wie die Linie des Horizonts: Je mehr ihr euch ihr nähert, umso weiter weicht sie zurück. Auf diese Weise hört ihr jedoch niemals auf, Fortschritte zu machen.

Auf den ersten Blick findet ihr es vielleicht schwierig, zwischen persönlicher Überzeugung und Glauben klar zu unterscheiden, denn die Grenze zwischen den beiden ist nicht genau definiert. Das eine geht in das andere über, so wie das physische schrittweise ins psychische übergeht, ohne dass man präzise sagen könnte, wo das eine endet und das andere beginnt. Ihre Abgrenzung ist nicht genauer als jene zwischen den Farben des Spektrums. Rot zum Beispiel ist nicht Orange, und doch weiß man nicht genau, wo die Grenze zwischen den beiden liegt. Und genauso bleiben Glaube und persönliche Überzeugung eng miteinander verbunden, wenngleich beide sich deutlich voneinander unterscheiden.

Für das Leben, brauchen wir eine bestimmte Anzahl von Überzeugungen, an die wir uns halten können. Sie sind so etwas wie Stützen für unser Gefühls- und unser intellektuelles Leben. Ohne diese Stützen ist das Leben nicht möglich, dann geht es einem, als wäre man auf Treibsand unterwegs. Innerlich wie äußerlich braucht man das Gefühl, festen Boden unter den Füßen zu haben. Deshalb ist es immer gut, selbst wenn man sich ein bisschen Illusionen macht, an gute Dinge zu glauben, denn das hilft, sich eine konstruktive Geisteshaltung zu bewahren. Das Wesentliche ist, dass man bewusst wird und sich dazu durchringt, seine vagen Überzeugungen durch wahrhaftes Wissen zu ersetzen, damit man mit vierzig Jahren nicht mehr in derselben Naivität lebt wie mit zwanzig.

Man kann daher sagen, dass der Glaube eine Arbeit an den persönlichen Überzeugungen leistet. Wer sich zu dieser Arbeit nicht entschließt, wird oft ein Opfer des Aberglaubens. Denn persönliche Überzeugungen und Aberglaube gehen miteinander Hand in Hand. Da der Mensch immer das Bedürfnis hat, an etwas zu glauben, klammern sich daher diejenigen, die nicht verstanden haben, was Glaube wirklich ist, an alle möglichen Hilfsmittel: Bestimmte Gegenstände sind für sie Glücksbringer, eine bestimmte Zahl oder ein bestimmter Wochentag ist günstig für sie, andere wiederum ungünstig; das Zusammentreffen mit einer bestimmten Person auf dem Weg wird als gutes oder schlechtes Vorzeichen gewertet usw. Ich leugne nicht, dass man Gegenständen, Zahlen, Wochentagen und Begegnungen eine Bedeutung beimessen kann, aber dies ist niemals ein Ersatz für einen Glauben, der auf den großen Gesetzmäßigkeiten basiert, die unser psychisches und spirituelles Leben beherrschen.

Soll ich euch eine Definition für den Aberglauben geben? Abergläubisch zu sein bedeutet, zu meinen, dass man dort etwas ernten kann, wo man nichts gesät hat. Der wirkliche Glaube hingegen liegt darin, nachdem man gesät hat eine Ernte zu erwarten, sei es in diesem Leben oder in einem anderen oder durch seine Nachkommen. Wenn ihr zur richtigen Zeit gute Samen in einen fruchtbaren Boden sät, dann keimen und wachsen sie. Vielleicht gehen einige Samenkörner verloren, die meisten aber werden wachsen und Früchte hervorbringen. So viele Männer und Frauen, die auf der intellektuellen, gefühlsmäßigen oder physischen

Ebene niemals etwas erarbeitet haben, hoffen auf eine Ernte, und wenn sie ihre Misserfolge dann zur Kenntnis nehmen müssen, klagen sie laut über die Ungerechtigkeit. Aber wer trägt die Schuld daran? Diejenigen, die säen und pflanzen, sind niemals enttäuscht. Wenn man den wahren Glauben hat, ist man niemals enttäuscht. Wer enttäuscht ist, hat eine unrealistische Ernte erwartet.

Und da der Glaube darin besteht, Samenkörner wachsen zu lassen, werden euch diese Körner eines Tages ernähren. Ganz im Unterschied zur persönlichen Überzeugung, die euch letztendlich verhungern lässt. Persönliche Überzeugung ist vergleichbar mit Hypnose. Wenn ihr jemanden hypnotisiert, könnt ihr ihn beispielsweise davon überzeugen, dass er gerade bei einem guten Essen sitzt. Wenn er wieder zu sich kommt, wird er euch sogar das Menü bis ins Detail schildern und euch erklären, wie zufrieden er war mit allem, was er gekostet hat. Sein Magen aber ist leer geblieben, und mit einer solchen Kost ist es sehr bald aus mit ihm. Genauso werden die meisten Menschen von ihren persönlichen Überzeugungen irregeführt, während der Glaube sie täglich ganz reale, nahrhafte Früchte kosten lässt, die das Ergebnis ihrer Arbeit sind.

Menschen, die sich mit persönlichen Überzeugungen zufrieden geben, bleiben innerlich mager, armselig und wankend, auch wenn sie körperlich sehr kräftig sind. Überzeugungen sind keine Nahrung. Nur der Glaube ernährt euch, und um zum Glauben zu gelangen, muss man studieren, experimentieren und sich anstrengen. Wenn in der Antike die Einweihung nur ganz bestimmten Menschen vorbehalten war, so lag das nicht so sehr daran, dass man ihnen Geheimnisse offenbarte, die andere nicht kennen durften, sondern weil sie Eigenschaften besaßen, die es ihnen erlaubten, diese Offenbarungen auch in die Praxis umzusetzen. Die spirituellen Wahrheiten bereichern nur den, der so viel Verstand hat, dass er sie verstehen kann, ein Herz, um sich nach ihnen zu sehnen und vor allem die Willenskraft, um die Arbeit zu beginnen und auch durchzuhalten. Den anderen bringen sie nichts oder schaden ihnen sogar.

Wenn man die Religion auf sakrale Gegenstände reduziert, die nicht in Zusammenhang mit der Erfahrung und den Handlungen stehen, die mit ihnen einhergehen sollten, dann läuft das darauf hinaus, dass man die Religion vom Glauben abtrennt, und es bleiben nur noch religiöse Überzeugungen übrig, die niemanden retten können. Die Faulen werden niemals gerettet. Ohne Arbeit, ohne Anstrengung, ohne Experimentieren, welche Ergebnisse kann man da erwarten? Solange die Gläubigen unverständliche Gebete, Gesten und Riten wiederholen, wird ihr Glaube keine Berge versetzen und keine Wunder bewirken. Wenn ich hier von Wundern spreche, meine ich weder die Heilung von Kranken noch die Auferweckung von Toten, sondern dass man sich selbst verwandelt, sich selbst auferweckt.

Es ist an der Zeit zu lernen, die Wirklichkeit des Glaubens nicht länger mit der Illusion der Überzeugung zu verwechseln. Wenn sich euer gesundheitlicher Zustand bessert und euer Denken klarer wird, wenn eure Kraft zunimmt und eure Liebe wächst, dann ernährt ihr euch durch den Glauben. Die persönlichen Überzeugungen jedoch, von denen ihr glaubt, euch zu nähren, ähneln den Süßigkeiten, die auf Jahrmärkten verkauft werden. Ihr wisst schon, was ich meine: Zuckerwatte. Sie hat eine Konsistenz wie Watte und den Kindern schmeckt das. Doch erstens ist sie nicht wirklich eine Nahrung für sie und zweitens bekommen sie schlechte Zähne davon. In gleicher Weise verzehren viele Menschen persönliche Überzeugungen. Sie schlucken tonnenweise Träume und Versprechungen, in denen nichts Solides enthalten ist: nur Zucker und Watte. Sie glauben und glauben ohne Ende, aber die Ergebnisse, die sie erzielen, sind genau das Gegenteil von dem, was sie erwartet hatten.

Glauben? Nein, man sollte nicht mehr glauben, man muss wissen! Glaube ist die Kondensation uralten Wissens. Dort, wo kein Wissen ist, ist kein

Glaube. Also, studiert, werdet stärker, arbeitet jeden Tag mit den göttlichen Tugenden Liebe, Weisheit, Wahrheit, Güte und Gerechtigkeit, denn das sind Samen, die ihr auf eurem Weg sät. Und am Ende des Weges erwartet euch die Fülle des Lebens, die Auferstehung.

IV

WISSENSCHAFT UND RELIGION

Seit Jahrhunderten sind im Westen die Konflikte zu beobachten, die Religion und Wissenschaft unaufhörlich miteinander austragen. Lange Zeit war die Religion mächtig genug, dass sie stets als Siegerin hervorging. Sie diktierte die Gesetze sogar so weitgehend, dass sie bestimmte Entdeckungen unter dem Vorwand verdammte, sie widersprächen den Texten der Bibel oder den kirchlichen Dogmen. Und wer es beispielsweise wagte, daran zu zweifeln, dass Gott die Welt in sechs Tagen erschaffen hat oder zu behaupten, die Erde drehe sich um die Sonne, lief Gefahr, auf dem Scheiterhaufen zu enden. Später hat sich die Situation nach und nach umgekehrt. Die Wissenschaft machte immer größere Fortschritte, gewann die Oberhand und begann sich zu rächen, indem sie die Religion der Lächerlichkeit preisgab, so dass diese den Rückzug antreten musste. Heute ist für jedermann erkennbar, dass die Religion ihren Einfluss verloren hat. Manche bedauern das natürlich, andere freuen sich darüber. Aber ob man sich darüber freut oder es bedauert, das beantwortet nicht die Fragen, die die Menschen quälen.

Vereinfacht ausgedrückt könnte man sagen, dass sich die Wissenschaft mit der sichtbaren und die Religion sich mit der unsichtbaren Welt beschäftigt. Das Unverständnis zwischen den Wissenschaftlern und den Vertretern des Glaubens kommt daher, dass die einen ihre Überzeugungen auf eine sichtbare, objektive Realität stützen und die anderen auf eine unsichtbare, subjektive. Aber sowohl die einen als auch die anderen haben eine unvollständige Sichtweise, denn jede Seite neigt dazu, den jeweiligen Aspekt zulasten des anderen zu bevorzugen.

Das Universum stellt eine Einheit dar, die wir von außen mit Hilfe der Wissenschaft und von innen mit Hilfe der Religion erfassen können, denn der Mensch ist selbst eine Einheit mit der Fähigkeit, gleichzeitig in der objektiven und in der subjektiven Welt zu leben. Wissenschaft und Religion sollten sich also nicht bekämpfen, sondern sich ergänzen. Übrigens ist es nie die Wissenschaft, welche die Religion bekämpft oder umgekehrt. Es sind die Wissenschaftler und die Vertreter der Religion, die gegeneinander antreten, weil sie jeweils nur einen Teil des Wissens haben.

Genauso wenig wie die Religion die Wissenschaft entkräften konnte, kann die Wissenschaft die Religion entkräften, da sie auf gleichartigen Gesetzmäßigkeiten beruhen. Zwischen den beiden gibt es weder Trennung noch Widerspruch. Trennung und Widerspruch existieren nur in den Köpfen der Unwissenden, die keine Ahnung haben, wie Gott das Universum erschaffen hat. Eine richtig verstandene Wissenschaft kann den Gläubigen nur helfen, sich auf das Wesentliche zu konzentrieren, und ebenso gibt eine richtig verstandene Religion der Wissenschaft erst ihre wirkliche Dimension. Beide haben eine Aufgabe, und sie müssen sich gegenseitig unterstützen und nicht verachten, ablehnen und vernichten. Jedenfalls werden sie Letzteres nicht schaffen. Solche Streitigkeiten sind nichts als nutzlose Unterfangen und verlorene Zeit. In Zukunft muss in jedem Menschen sowohl ein Glaubender als auch ein Gelehrter stecken. Damit Wissenschaft und Religion sich in der Gesellschaft nicht mehr bekämpfen, ist es notwendig, dass sie aufhören, sich im Innern des Menschen zu bekämpfen, denn dort richtet dieser Kampf den größten Schaden an. Wenn ein Vertreter des Glaubens gegen einen Wissenschaftler antritt – oder umgekehrt –, dann meint er, es mit einem Gegner zu tun zu haben, der außerhalb von ihm ist. Das ist völlig falsch. Er kämpft gegen sich selbst!

Die Ungläubigen machen sich von den Religionen ein falsches Bild. Übrigens haben auch die meisten Gläubigen kein sehr klares Bild davon, da sie die Religion in den meisten Fällen auf eine Ansammlung von Dogmen und Ritualen reduziert haben. In Wahrheit ist die Religion in erster Linie eine Wissenschaft, die auf der Kenntnis des Menschen beruht, wie er nach Gottes Bilde erschaffen wurde. Man kann also sagen, dass die Grundlagen der Religion im Menschen selbst eingegraben sind. Als Gott den Menschen schuf, hat er ihm Siegel aufgedrückt, und der Mensch kann sich nicht davon befreien, was immer er auch tut, denn diese Prägung ist in seine Struktur eingegraben. So gesehen ist der Mensch tatsächlich nicht frei, er kann dieser Prägung nicht entkommen, diesem Schema, das der Ausgangspunkt für sein ganzes Wesen ist. Im Gegenzug hat er die größte Freiheit bekommen, um die göttliche Vorherbestimmung, die er in sich trägt, zum Ausdruck zu bringen. Somit wird auch die Vielfalt der Religionen erklärlich, die in den verschiedenen Epochen und an den verschiedenen Orten die vielfältigsten und reichhaltigsten Formen angenommen haben.

Ein Wissenschaftler würde sagen, dass er nur das als wahr und seines Interesses würdig befindet, was er beobachten, berechnen, messen, wiegen, vergleichen und klassifizieren konnte. Alles andere erscheint ihm zweifelhaft und sollte beiseite gelassen werden. Das ist gut und recht, aber auf diese Weise schränkt er den Radius seines Wahrnehmungsbereiches extrem ein. Denn ein gutes Teil, sagen wir zwei Drittel, des menschlichen Lebens besteht aus Aktivitäten, die niemand wiegen oder messen kann. Ja, zwei Drittel der Zeit lebt man, das ist alles. Und wenn dieses Leben weder Aufmerksamkeit noch Interesse verdient, dann fragt man sich, warum ein Wissenschaftler überhaupt weiterleben will. Er atmet, isst, trinkt, schläft, geht, denkt, fühlt, empfindet, begehrt, trifft Menschen, spricht mit ihnen, umarmt sie sogar, und bei alledem stellt er sich nicht die Frage, ob er es auf wissenschaftliche Weise tut. Warum akzeptiert er es, ein Leben zu leben, das größtenteils unwissenschaftlich ist? Er müsste es ablehnen!

Indem die Menschen einer wissenschaftlichen Sichtweise der Welt den Vorzug geben, bei der die Erforschung der Natur, also das Studium der physischen Welt an erster Stelle steht, also einer Welt, die außerhalb von ihnen liegt, bzw. nur die materielle Hülle ihres Selbst ist, zerstreuen sie sich an der Peripherie ihres Wesens. Sie bemerken nicht, dass sie dabei sind, ihren Mittelpunkt zu verlieren, den Punkt, der sie nicht nur im Gleichgewicht hält, sondern sie auch mit der Quelle des universellen Lebens verbindet. Natürlich ist es ihnen nicht verboten, das Universum als ein riesiges Forschungs- und Experimentierfeld zu betrachten, das der Schöpfer ihnen zur Verfügung gestellt hat. Aber dadurch, dass sie sich um jeden Preis auf die Physik, Chemie, Biologie, Zoologie, Astronomie usw. stürzen, werden sie nicht die Herrlichkeit des göttlichen Lebens kosten. Während sie so sehr damit beschäftigt sind, all ihre Neugierde zu befriedigen, vergeht die Zeit, ihr Leben zerrinnt, und sie werden schwächer.

Welche Möglichkeiten sich den Wissenschaftlern auch immer bieten mögen, die Materie zu erforschen und zu nutzen – nach einer ersten Phase der Faszination, die ihnen ihre Entdeckungen beschert, werden sie beginnen, sich innerlich leer zu fühlen. Denn nichts von dem, was der Intellekt berühren, erfassen und verstehen kann, ist in der Lage, uns zu erfüllen. Nur die Unermesslichkeit, das Mystische, das Unsichtbare, Ungreifbare, all das, was man nicht kennt, kann die menschliche Seele erfüllen und befriedigen. Das ist die wahre Wissenschaft.

Die wahre Wissenschaft ist nicht das Produkt der Errungenschaften des Intellekts. Sie ist das Wissen über den Menschen, über seine psychische und spirituelle Struktur, seine feinstofflichen Körper, seine höchsten Bestrebungen und seine Verbindungen zum ganzen Universum. Man darf bestimmte Phänomene nicht unter dem Vorwand verwerfen, dass sie nicht in die Kategorien des Sichtbaren und Messbaren eingeordnet werden können. Das spirituelle Leben wird als unwissenschaftliches Phänomen betrachtet. Nun, gut. Wenn ihr jedoch immer unzufrieden und in der Leere bleiben wollt, dann beschäftigt euch ausschließlich mit dem, was als »wissenschaftlich« erachtet wird.

Nach und nach machte die Wissenschaft immer mehr Fortschritte und glaubte, alles erklären und Lösungen für alle Probleme der Menschheit anbieten zu können. Sie hat tatsächlich auf vielen Gebieten große Verbesserungen gebracht, aber man kann nicht sagen, dass sie den Zustand des Menschen von Grund auf verbessert hätte, denn sie erreicht in erster Linie die physische Welt und nur in geringem Maße die psychische. Sie berührt weder Seele noch Geist, was ganz normal ist, denn das ist nicht ihr Bereich. Dank ihrer ausgesprochen ausgereiften Apparaturen hat sie in kurzer Zeit unglaubliche Entdeckungen gemacht, sowohl auf dem Gebiet der unendlich kleinen als auch der unermesslich großen Dinge, und aufgrund dieser Entdeckungen haben sich manche die Illusion gemacht, dass die Wissenschaft die Religion ersetzen könne. Aber selbst wenn die Astronauten den Kosmos bereisen, den die Menschen jahrtausendelang für die Wohnstätte Gottes gehalten haben, wenn die Physiker in die Geheimnisse der Materie eindringen und die Biologen immer mehr Macht über das Leben erlangen, reicht das nicht dazu aus, dass sich der Mensch als Gott ebenbürtig betrachten oder behaupten könnte, Er existiere nicht, Er sei tot, und die Schöpfung sei nur ein Produkt des Zufalls.

All die Philosophen und Wissenschaftler, die denken das Universum und der Mensch seien ein Ergebnis des Zufalls, werfe ich in einen Topf mit jenen Gläubigen, die dort eine Ernte erwarten, wo sie nichts gesät haben. Ja, in beiden Fällen handelt es sich um denselben Irrtum. Im ersten handelt es sich um Folgewirkungen ohne Ursache und im zweiten um eine Schöpfung ohne Schöpfer. Die sogenannten intelligenten und gelehrten Leute brauchen sich nicht über die Naivität der Gläubigen lustig zu machen; ihre Überzeugungen sind genauso lächerlich.

Ebenso wenig, wie sich die Religion dem Aufstreben der Wissenschaft widersetzen konnte, wird die Wissenschaft, welche Fortschritte sie auch immer macht, jemals die Religion ersetzen oder zerstören können. Zwischen diesen beiden Sichtweisen besteht ein Zusammenhang, und jede von ihnen muss dazu beitragen, den Wert der anderen hervorzuheben und sie ins rechte Licht zu rücken. Wer versucht, sie zu trennen oder gegeneinander aufzubringen, begeht einen Irrtum. Der Herr kann nicht in das von ihm erschaffene Universum und in den Menschen, den er nach Seinem Bild erschaffen hat, zwei unvereinbare Realitäten gelegt haben. Aber um zu diesem Verständnis der Dinge zu gelangen, muss man in seinem Inneren bestimmte Änderungen vornehmen.

Manche Prominente hört man häufig darüber

klagen, dass sich die Menschen im 20. Jahrhundert noch immer nicht von bestimmten persönlichen Überzeugungen befreit hätten, die sie für irrational halten. Man muss feststellen, dass – nach einer Periode des Materialismus und der Wissenschaftsgläubigkeit – sich immer mehr Menschen der Religion, der Spiritualität und der Mystik zuwenden, und dass diese Tendenz manchmal völlig konfuse und unsinnige Formen annimmt. Sogar die religiösen Oberhäupter sind darüber beunruhigt, denn sie spüren, wie diese neuen Strömungen ihnen entgleiten und für sie nicht beherrschbar sind. Und doch sind die religiösen Amtsträger selbst für diese Situation verantwortlich, da sie sich mehr darum gekümmert haben, die Macht der Kirche auszuweiten als den wirklichen Bedürfnissen von Seele und Geist der Menschen nachzukommen. Das Gleiche gilt für die Wissenschaftler und ihre materialistischen Philosophien. Darum sollten sowohl die einen als auch die anderen aufhören, über eine Situation zu jammern, zu deren Entstehen sie selbst beigetragen haben. Vielmehr sollten sie gemeinsam nach Wegen suchen, wie sie Abhilfe schaffen können.

Das menschliche Wesen kann sich nur in der Unermesslichkeit, in der Unendlichkeit entfalten. Alles, was bereits sichtbar, festgelegt, gemessen und eingestuft ist – selbst wenn er es für nützlich, interessant und unerlässlich hält –, wird im Menschen letztendlich die Empfindung hinterlassen, dass es nur einen Teil seiner selbst befriedigt und es nicht ausreicht, sein Dasein auszufüllen. Warum lieben Kinder die Märchen so sehr? Und warum flüchten sich auch die meisten Erwachsenen, sobald sie können, in eigenartige, fantastische und irrationale Welten? Dies ist ein Bedürfnis, das dem Menschen angeboren ist: Er wurde geschaffen, um in beiden Welten zu leben, in der objektiven und der subjektiven, der materiellen und der spirituellen, der sichtbaren und der unsichtbaren Welt. Er hat also die Fähigkeit, mit diesen beiden Welten in Verbindung zu treten, und er braucht sie auch beide. Nur, man darf sie nicht verwechseln. Die Realität, die man dank seiner fünf Sinne wahrnimmt, ist nicht dieselbe, die man mittels der Sinne der spirituellen Ebene wahrnimmt. Es handelt sich um zwei verschiedene Welten, und um sie zu erkennen, benötigt man unterschiedliche Werkzeuge.

Die Wissenschaftler müssen sich damit zufrieden geben, zu studieren, zu beobachten und Ergebnisse ihrer Beobachtungen zu präsentieren, das ist alles. Über das psychische Leben des Menschen, sein moralisches und spirituelles, dürfen sie sich nicht äußern. Da gibt es eine Grenze, die sie nicht überschreiten können. Mit den Mitteln, die ihnen zur Verfügung stehen, ist es ihnen nicht gestattet, die Religion durch die Wissenschaft zu ersetzen und schon gar nicht, diese zu zerstören. Sie dürfen falsche Überzeugungen zerstören, das ist dann eine gute Sache. Die wahre Religion braucht sich nicht mit Irrtümern und Aberglauben voll zu pfropfen, und die wahre Wissenschaft kann der wahren Religion nicht schaden. Gott wird nicht beleidigt sein, wenn ihr nicht glaubt, dass Er die Welt in sechs Tagen erschaffen hat, und dies umso weniger, als Er in Wahrheit niemals aufhört zu erschaffen.

Aber die Religion im Namen der Objektivität und der Vernunft bekämpfen zu wollen, ist ein Unterfangen, das von vornherein zum Scheitern verurteilt ist. Religiöse Empfindungen kann man genauso wenig abschaffen, wie man andere Gefühle abschaffen kann. Auch hier befinden wir uns auf einem Gebiet, wo die reine Vernunft fehl am Platz ist, denn, ich sage es nochmals, der Sinn für das Heilige, das Bedürfnis, sich mit jener göttlichen Welt verbunden zu fühlen, in der er seinen Ursprung hat, ist in der Struktur des Menschen eingeprägt. Man kann versuchen, das zu leugnen und diese Wurzeln auszureißen. Doch selbst wenn es für einen Augenblick den Anschein hat, als habe man es geschafft, werden diese Erfolge nicht von Dauer sein, und man wird dann nicht umhinkönnen, all den Schaden festzustellen, den ein solches Unterfangen verursacht hat; nicht nur an den Einzelnen, sondern auch an der Gesellschaft.

Und übrigens haben all diese Leute, die die Objektivität und die Vernunft so sehr preisen, es geschafft, diese auch in ihr Leben einfließen zu lassen? Schaut sie doch an: Sie kämpfen sich durch ein Leben voll mit Sorgen, Ängsten, Wut, Eifersucht und allen möglichen unkontrollierbaren Begierden. Wo sind da Objektivität und Vernunft? Doch all diese niederen Gefühle akzeptieren sie und halten sie sogar für ganz natürlich. Die höheren Gefühle hingegen, die der Glaube an eine über alles erhabene Wesenheit, welche Himmel und Erde erschaffen hat, uns schenken kann, und Vertrauen, Dankbarkeit, Liebe und Bewunderung für dieses Wesen, all das finden sie lächerlich. Die Vernunft ist wie auch der Intellekt sehr nützlich, wenn es darum geht, ein bisschen Ordnung in seine Gefühle zu bringen. Man könnte sagen, dass sie die Aufgabe hat, dort aufzuräumen; ja, aber wirklich nur aufzuräumen, jedoch nicht leer zu räumen. Wenn ihr bei euch zu Hause aufräumt, dann rückt ihr die Möbel und die Gegenstände weg, um mit dem Staubsauger den Staub entfernen zu können, und dann stellt ihr sie wieder an ihren Platz. Ihr werft sie aber nicht zum Fenster hinaus. Auch in eurem Inneren ist es so, dass die Vernunft aufräumen soll; aber nicht, um sich des echten religiösen Empfindens zu entledigen, sondern damit dieses, nachdem die falschen Überzeugungen beseitigt sind, in all seiner Herrlichkeit erstrahlen kann.

Es kann den materialistischen Theorien gelingen, die Menschen für einen Augenblick so sehr zu verführen, dass sie von der Unermesslichkeit abgetrennt sind, aber das kann nur vorübergehend sein. Ob das all diesen »großen Denkern« nun gefällt oder nicht, der Schöpfer hat den Menschen so konstruiert, dass es ihm unmöglich ist, ohne Ihn auszukommen. Wenn er meint, das tun zu können, dann gelingt es ihm nur für eine bestimmte Zeit. Sehr bald wird er sich verstümmelt fühlen und gezwungen sein, zu einem anderen Verständnis der Welt und seiner selbst zurückzufinden. Es ist also nutzlos, seine Zeit damit zu verschwenden, sich über die unverbesserlichen Leute zu entrüsten und sie zu beschimpfen, wenn sie das Bedürfnis haben, an einen Schöpfer des Universums, an unsichtbare Welten, bevölkert von spirituellen Wesenheiten, an ein Leben nach dem Tod und an die Macht des Gebetes zu glauben: Sie bleiben unverbesserlich. Denn sie berühren damit die Wirklichkeit des Menschen und des Universums, und dieser Wirklichkeit kann sich niemand entgegenstellen.

Was weiß man über den Menschen? Er hat Jahrtausende gebraucht, um seinen physischen Körper endlich kennen zu lernen, und es ist nicht einmal sicher, dass man wirklich schon alles entdeckt hat. Was sein psychisches und spirituelles Wesen angeht, weiß man davon beinahe überhaupt nichts, abgesehen von den Eingeweihten und Mystikern. Ihr werdet sagen: »Aber Psychologen, Psychiater und Psychoanalytiker haben doch beachtliche Kenntnisse von der menschlichen Psyche!« Ohne ihr Wissen in Zweifel stellen zu wollen, stelle ich fest, dass es ihr Beruf ist, sich mit Kranken zu beschäftigen. Das ist gut und schön, aber ich stelle die Frage auf eine andere Weise: Wäre es nicht besser, den Menschen ein Wissen zu geben, das es ihnen ermöglichen würde, ihre Ängste und Qualen zu besiegen, bevor ihr Zustand sie dazu zwingt, einen Psychiater zu konsultieren? Würde man ihnen wahrhaftiges Wissen vermitteln, dann müssten sie überhaupt niemanden konsultieren.

Aber wer kümmert sich schon darum, den Menschen ein Wissen zu vermitteln, das es ihnen ermöglichen würde, sich auf harmonische Weise zu entwickeln, um die inneren und äußeren Schwierigkeiten zu meistern, auf die sie stoßen können? Man wartet, bis sie krank sind, bevor man einschreitet. Erst wenn sie nicht mehr wissen, wo ihnen der Kopf steht, wenn sie vorhaben, sich umzubringen oder es bereits versucht haben, tröstet man sie, indem man ihnen verspricht, dass man ihnen helfen wird Frieden, Gleichgewicht und den Sinn des Lebens wiederzufinden. Bis dahin aber stopft man sie mit Medikamenten voll! Es bleibt natürlich nichts anderes mehr übrig, wenn der Zustand einmal zu schlimm geworden ist. Aber wie lange noch will man warten, bis die Menschen krank geworden sind, bevor man sich um sie kümmert? Ihr werdet sagten: »Aber darin besteht doch die Wissenschaft!« Nein, das sind nur einige Bruchstücke des Wissens. Die wahre Wissenschaft ist ganz etwas anderes.

Es wird keine wahre Wissenschaft geben bis zu dem Tag, an dem Wissenschaft und Religion sich entscheiden werden, zusammenzuarbeiten um jene Zentren, Organe, Apparate – nennt sie wie ihr wollt – zu studieren, dank derer der Mensch mit der spirituellen und mit der göttlichen Welt in Verbindung treten kann. Wie kann man sich nur einbilden, dass der Schöpfer, der den Menschen mit allen Werkzeugen ausgestattet hat, die er braucht, um in der physischen Welt zu leben und zu wirken, ihn bar jeder Möglichkeit gelassen hätte, in der spirituellen Welt zu leben und zu wirken? Nur, um die Wissenschaft in diese Denkrichtung zu lenken, wäre es zunächst notwendig, dass sich der Klerus nicht mehr damit begnügt, die Religion als eine Ansammlung von Vorschriften zu präsentieren, deren Grundlagen man nicht einmal genau kennt.

Es genügt nicht, dass die Pracht der Kirchen und Kathedralen, der Glanz der Gottesdienste und die Schönheit der Gebete und Gesänge bestimmte Emotionen in den Seelen wecken. Die Menschen brauchen etwas Präziseres als Emotionen und Gefühle, denn Emotionen und Gefühle sind vergänglich und geben ihrem Dasein kein solides Fundament. Sogar die Gläubigen zweifeln am Ende. Sie versuchen nicht, über die oberflächlichen Vorstellungen hinauszukommen, mit denen sich die Menschen in den vergangenen Jahrhunderten begnügen konnten, weil sie nicht das Verlangen nach Verständnis hatten, wie das heutzutage der Fall ist. Dann zweifeln diese »Gläubigen« in Wahrheit, obwohl sie noch immer der Meinung sind, dass sie glauben. Heute haben die Menschen, damit sie wirklich glauben können, das Bedürfnis zu wissen und zu verstehen. Die Ära ist überholt, in der man die Gläubigen lehrte, das Kriterium für den wahren Glauben sei, Offenbarungen zu akzeptieren, die man nicht versteht. Sie wollen nichts mehr hören von den »Mysterien des Glaubens«. Sie werden sich mehr und mehr von diesen Vorstellungen befreien, die sie als Sklaverei betrachten und als Hindernis für ihre Entwicklung.

Die Fortschritte, die die Menschheit auf der Ebene der wissenschaftlichen Erkenntnisse gemacht hat, bringen zwangsläufig einen anderen Blickwinkel bezüglich der Religion mit sich und folglich auch bezüglich der Moral. Man muss den Menschen jetzt verständlich machen, dass die Religion genauso wie die Moral auf Gesetzen basiert, die genauso real und überprüfbar sind wie die der physischen Welt. Denn genauso, wie das von Gott geschaffene Universum auf Gesetzmäßigkeiten beruht, so besitzt auch der von Gott geschaffene Mensch einen physischen und einen psychischen Organismus, die ebenfalls von diesen Gesetzen beherrscht werden. Aus Erfahrung wisst ihr alle, wie einfach es ist, seine Gesundheit zu ruinieren. Jetzt werden manche sagen: »Ja, aber die Medizin hat doch solche Fortschritte gemacht! Die Medizin macht große Fortschritte, das stimmt, doch trotz dieser Fortschritte wird die Medizin ohnmächtig bleiben, wenn der Mensch nicht die Wissenschaft des Lebens lernt. Während die Medizin sich bemüht, bestimmte Krankheiten zu heilen, erzeugt der Mensch weiterhin Durcheinander in seinem Organismus, sodass neue Krankheiten entstehen.

Wenn ihr in einen Gummiball ein Loch stecht, entsteht eine Delle. Wie sehr ihr auch versucht, Abhilfe zu schaffen, die Delle entsteht immer irgendwo aufs Neue. Ich kann euch also versichern, selbst wenn die Medizin große Fortschritte gemacht hat und in Zukunft noch größere machen wird, dies den Menschen dennoch nicht die Fähigkeit geben wird, zu leben wie es ihnen gerade Spaß macht. Und keinem Psychologen, keinem Psychiater oder Psychoanalytiker wird es je gelingen, jemanden wieder ins Gleichgewicht zu bringen, der die Gesetze der Moral oder der spirituellen Welt übertritt.

Alle wissenschaftlichen Fortschritte, auf welcher Ebene auch immer, waren nur möglich, weil die Menschen entdeckten, dass die physische Welt Gesetzen gehorcht, tausenden von Gesetzen. Und dann möchte man, dass die psychische Welt der Ort des größten Durcheinanders und der größten Anarchie ist? Ohne jedes Gesetz, das man kennen sollte, ohne jede Regel, die man respektieren sollte? Nun, das kann nicht sein. Wenn der Mensch durch seine Unbekümmertheit und seine Unbewusstheit seinen psychischen Organismus, diesen so außergewöhnlichen Mechanismus, durcheinander bringt, dann entstehen irreparable Schäden. Nichts ist stabil und zuverlässig, wenn man Gesetze nicht akzeptiert, denn Gesetze sind das Grundgerüst des Universums – des psychischen wie auch des physischen. Es ist der größte Irrtum, diese Gesetze nicht anzuerkennen. Man tut so, als wären sie eine Erfindung des Menschen, als beruhten sie auf einer willkürlichen, frei definierbaren Grundlage und könnten beliebig überschritten werden. Nein! Und ich füge noch hinzu, dass unser Verständnis der Dinge von dem Leben abhängig ist, das wir führen. Man darf sein Wissen und seine Lebensführung niemals voneinander trennen. Nur ein harmonisches Leben, das im Einklang mit den kosmischen Gesetzen steht, begünstigt wahrhaftes Wissen.

Religion basiert auf den Gesetzen, die das psychische Leben des Menschen regieren. Daher müssen die Wissenschaftler ihr Territorium anerkennen und begreifen, dass es eine Wissenschaft des spirituellen Lebens gibt, da das spirituelle Leben auf Gesetzen beruht. Ich lade sie daher alle ein, ihr Forschungsgebiet zu erweitern. Sie werden nach und nach feststellen, dass ihre eigenen Entdeckungen die Wahrhaftigkeit der Lehre der Eingeweihten nur unterstreichen. Andernfalls – welchen Fortschritt die Wissenschaften auch immer machen mögen – wird dieser Fortschritt sie immer unbefriedigt lassen, denn er ist nur äußerlich. Er gibt ihnen die Möglichkeiten, auf die Materie einzuwirken, aber man kann alle Möglichkeiten haben, um auf die Materie einzuwirken und dabei dennoch Leere empfinden, denn die wissenschaftlichen Entdeckungen nähren weder Seele noch Geist.

Die spirituelle Arbeit erfordert viel Durchhaltevermögen, doch wer sich an diese Arbeit macht, verbindet sich jeden Tag mit der Welt der Prinzipien. Er entdeckt einen Sinn, und dieser Sinn ist es, der ihm den Glauben gibt. Den Glauben und auch den Frieden. All das lässt sich vielleicht nicht mit Worten erklären, denn es handelt sich um eine Realität in einer anderen Dimension. Wer aber diese Erfahrung macht, kann nicht an dem zweifeln, was er verspürt. Ein ganz bescheidener, einfacher, gar nicht so gelehrter Mensch kann dank innerer Suche mehr vom Leben wissen als der größte Gelehrte. Deswegen sollten die Wissenschaftler etwas mehr Zurückhaltung und Bescheidenheit an den Tag legen. Der Schöpfer hat ihnen nicht das Wissen als Privileg eingeräumt. Sie können die Materie beherrschen, aber sie beherrschen nicht das Leben, denn das Leben lässt sich nicht mit irgendwelchen Apparaten entdecken, sondern im eigenen Inneren.

Ihr könnt auf andere Planeten reisen und dabei innerlich so sehr der Erde verhaftet bleiben, als hättet ihr niemals den Fuß vor die Tür gesetzt. Das ist eine Frage des Bewusstseinszustandes. Wozu ist es gut, das Universum zu entdecken, wenn man innerlich so begrenzt bleibt, wie jemand, der sein Leben lang sein Dorf nicht verlassen hat? Der Astronaut durchquert in seinem Raumschiff den Weltraum, doch der Hirte, der in den Bergen seine Herde hütet und in der Stille der Nacht den Sternenhimmel beobachtet, versteht vielleicht viel mehr von der Unermesslichkeit als er.

Wenn ihr jetzt protestiert: »Oh, das ist nicht wissenschaftlich«, dann seid ihr im Irrtum. Nichts ist wissenschaftlicher als das, was ich euch gerade gesagt habe, und nichts ist wirksamer. Nur handelt es sich dabei um eine andere Wissenschaft, welche die anderen alle übertrifft. Ihr glaubt mir nicht? Wie ihr wollt. Ich verlange nicht von euch, dass ihr mir glaubt, sondern nur, dass ihr Erfahrungen sammelt. Da ihr vorgebt wissenschaftlich zu sein, nehmt wenigstens eine wissenschaftliche Haltung ein. Das heißt, macht zunächst Versuche und äußert euch erst danach. Ein Wissenschaftler beginnt nicht damit, dass er Gewissheit hat, sondern er macht Experimente und wartet die nötige Zeit ab, bevor er seine Schlussfolgerungen zieht. Wenn ihr euch also damit begnügt zu erklären, dass ihr mir nicht glaubt, ohne dass ihr irgendwelche Versuche macht, wo soll man euch da einordnen?

V

DER GLAUBE GEHT IMMER DEM WISSEN VORAN

Wenn die Spiritualisten für Träumer oder sogar für verrückt gehalten werden, dann liegt das daran, dass ihre Gewissheit in der unsichtbaren Welt begründet liegt, also in etwas, was dem Anschein nach gar nicht wirklich ist. Ein Mensch, der vorgibt, vernünftig zu sein, darf nur das für real und verlässlich halten, was unmittelbar für die Sinnesorgane sichtbar oder greifbar ist, bzw. indirekt durch Apparate, die dafür gebaut sind, die Materie zu erforschen und auf sie einzuwirken. Dieser vernünftige Mensch ist ein Ignorant, der nicht weiß, dass das, was er sieht und berührt nicht die Wirklichkeit ist, sondern bloß eine Form, eine Kristallisation, das Produkt einer unsichtbaren Wirklichkeit von Kräften, Strömungen und Wesenheiten. Die wirkliche Realität kann man weder sehen noch berühren.

Die Wirklichkeit... was kann man genau über die Wirklichkeit wissen? Die Wirklichkeit, das ist unsere Wirklichkeit, der Bewusstseinsgrad, den wir erreichen konnten und der nur diese oder jene Wahrnehmung von Menschen und Dingen ermöglicht. Ihr werdet sagen: »Aber wenn man von der Wirklichkeit spricht, dann handelt es sich um etwas Objektives, um etwas außerhalb von uns selbst, über das alle Menschen einer Meinung sein können.« Dem Anschein nach ja, denn die sogenannte objektive Wirklichkeit wird zwangsläufig unserer Subjektivität unterworfen, damit wir sie wahrnehmen, prüfen und erkennen können. Wir werden niemals ein empfindungsloser, kalter Spiegel für die Wirklichkeit sein, das ist gar nicht möglich. Wie sehr wir uns auch Objektivität wünschen, wir bearbeiten und gestalten die Wirklichkeit, wir fügen ihr immer etwas hinzu oder lassen etwas weg. Die Subjektivität gewinnt immer die Oberhand. Wenn ihr mehrere Maler gemeinsam vor dieselbe Landschaft setzt, werden sie keineswegs dasselbe Gemälde malen, denn es gibt psychische Faktoren, die bewirken, dass sie nicht dasselbe sehen. Wenn man also von Wirklichkeit spricht, weiß man letztendlich nicht sehr genau, wovon man spricht.

Und was wissen wir von einem Menschen? Man kann seinen physischen Körper beschreiben, ihn berühren, aber das Wesen, das diesen Körper geformt hat und darin wohnt, kann man weder beschreiben noch berühren. Die Materie gibt uns eine bestimmte Vorstellung von der Wirklichkeit, aber sie ist nicht die wahre Wirklichkeit. Wenn ihr zum Beispiel an eurem physischen Körper etwas ändern wollt, dann beschäftigt euch nicht mit ihm, denn er ist nicht die Wirklichkeit, er ist nur die Folge. Die Wirklichkeit ist das Gefühl, der Gedanke und darüber hinaus noch der Geist, der mittels der Gedanken und Gefühle die Macht hat, den Körper zu formen. Also müsst ihr euch an sie wenden, damit sie an dieser Form, eurem physischen Körper, arbeiten, der sich nach und nach verwandeln und euch gehorchen wird.

Man kann das Leben nicht sehen, wohl aber die Manifestationen des Lebens, man sieht weder Gedanken noch Gefühle, aber deren sichtbaren Ausdruck in Form von Taten und Werken, zu denen sie uns veranlassen. Und genauso stellt die Welt, die wir kennen, nur eine Verdichtung, eine Hülle, eine Schale des unsichtbaren Wesens dar, welches das Universum belebt, lenkt, erhellt und in Bewegung versetzt. Paulus sagt: *»Glaube ist... ein Nichtzweifeln an dem, was man nicht sieht« (Heb 11,1)*. Es ist höchste Zeit, dass die Menschen die alten Philosophien, die sich der Irrealität verschrieben haben loslassen, die sie in einem Sumpf aus Glaubensüberzeugungen und Illusionen festhalten, um sich der wahren Wirklichkeit zu widmen: dem Geist.

Selbst wenn dies ein langes Studium und große Anstrengungen erfordert, ist es dennoch einfach, auf Gebieten zu arbeiten, wo wir mit unseren physischen Sinnen sehen, hören, berühren, schmecken und fühlen können. Auf der spirituellen Ebene zu sehen, zu hören, zu schmecken, zu berühren und zu fühlen, ist wesentlich schwieriger. Die Menschen klammern sich an Gegenstände und Errungenschaften der äußeren Welt, weil sie ihre innere Welt als Leere empfinden, und sie haben Angst, sich auf sie einzulassen. Doch es führt zu gar nichts, wenn man Angst hat! Man muss studieren, die Gesetze kennen lernen und sich üben; dann kann man sich anschließend in diese »Leere« hineinwagen, in der Gewissheit, dass man sich weder verirren noch abstürzen wird. Denn in Wahrheit gibt es keine Leere. Es ist die noch unerforschte innere Welt, die man als Leere bezeichnet. Aber je mehr man sie zu erforschen beginnt, umso mehr entdeckt man genau in dieser Leere die Fülle. Ja, die einzige Leere, die den Menschen wirklich bedroht, ist jene, in die er unvermeidlich abstürzt, solange er meint, sein Heil in der Materie finden zu können.

Zunächst bringt uns der Glaube in Verbindung mit einer unbekannten Welt, die unendlich weit ist. Der heilige Paulus sagt vom Glauben, dass *»wir durch ihn erkennen, dass aus dem Unsichtbaren das Sichtbare entstanden ist« (Heb 11,3).* Der

Glaube ermöglicht uns den Zugang zu dieser Welt, wo wir beginnen zu atmen, uns zu ernähren und zu stärken. Nach und nach werden dann die Gebiete, die unbekannt waren, bekannt: Man weiß. Deshalb darf man Glaube und Wissen nicht als Gegensätze darstellen, denn die beiden gehören zusammen: Der Glaube öffnet den Weg zu neuen Erkenntnissen. Man kann sagen, dass der Glaube die Unendlichkeit ist, und dass das Wissen von dieser Unendlichkeit ein sehr kleines, begrenztes Gebiet umfasst. Der Glaube ergründet das Unendliche, erforscht es, verbindet uns mit ihm und lässt uns immer weiter in es vordringen. So wächst und mehrt sich unser Wissen über die göttliche Welt dank unseres Glaubens.

Der Glaube geht dem Wissen immer voran, er ist es, der uns Fortschritte machen lässt. Um zu wissen, muss man zunächst glauben, und wenn wir wissen, dann glauben wir nicht mehr, dann führt uns der Glaube zu einem neuen Thema, über das wir noch keine Kenntnisse haben. Wenn wir wissen, brauchen wir nicht mehr zu glauben, wir sind über dieses Stadium hinausgewachsen. Und auf diese Weise gelangen wir nach und nach zu einem vollkommenen Wissen, zu dem Wissen von dem Jesus sagt, dass es das ewige Leben ist. *»Das ist das ewige Leben, dass sie Dich, der Du allein wahrer Gott bist, erkennen«* (Jh 17,3).

Der Glaube geht dem Wissen immer voran,

und in dem Maße, wie wir das Wissen erlangen, gibt dieses unserem Glauben ein sichereres Fundament. Nur ein Glaube, der auf einem wahren Wissen beruht, bleibt unerschütterlich und ermöglicht uns, auf unserem Weg voranzukommen. Der Gläubige läuft Gefahr, eines Tages alles zu verwerfen oder auf Irrwege zu geraten, solange sein Glaube keine solide Basis hat. Diese Irrwege lauern heute immer mehr auf jene Leute, die dazu neigen, Glauben mit Okkultismus zu verwechseln und die unvorsichtig in der unsichtbaren Welt herumtappen, um mit Kräften in Kontakt zu treten, die sie beleben, mit den Strömungen, die sie durchfluten und den Wesen, die sie bewohnen, um sie zu benutzen.

Deswegen warne ich alle jene, die vorgeben, den anderen mit ihrer Hellsichtigkeit oder Wahrsagerei zu helfen bzw. deren physische oder psychische Leiden durch Magnetismus, Handauflegen usw. zu behandeln. Nur sehr wenigen Menschen ist es gegeben, zur unsichtbaren Welt Zugang zu haben, und dort in der Vergangenheit, der Gegenwart oder der Zukunft zu lesen oder um mit den psychischen und spirituellen Kräften oder Wesenheiten in Kontakt zu treten, damit sie mit ihnen eine Arbeit verrichten können. Und warum ist das so? Weil die dafür erforderlichen Eigenschaften noch schwieriger zu erlangen sind als jene, die es uns ermöglichen, auf der physischen Ebene zu handeln.

Es genügt nicht, psychische Fähigkeiten zu haben – viele Menschen können diese entwickeln, wenn sie sich darin üben –, sondern man muss die nötige Selbstbeherrschung erlangen, um, egal, was passiert, die Regeln der Uneigennützigkeit und der Reinheit einzuhalten, denn nur diese sind in der Lage, uns den Kontakt mit den lichtvollen Wesen und Kräften des Universums zu ermöglichen. Wenn ihr euch diese Disziplin noch nie auferlegen wolltet, vielmehr euch das noch nie gelungen ist, da es andauernde Anstrengungen verlangt, was wird dann geschehen? Anstatt die Menschen aufzuklären und zu heilen, werdet ihr sie in die Irre führen und sie schwächen. Ja, die unsichtbare Welt ist gut bewacht, und wer den Zugang zu ihr erzwingen will, wird nur Zugang zu den niederen Regionen bekommen. Und dann, gnade ihm Gott! Denn er wird nicht nur leiden, sondern er wird auch für jene Schäden verantwortlich gemacht, die er im Leben der anderen angerichtet hat.

Euer Glaube muss auf Wissen basieren, und ein Teil dieses Wissens beinhaltet die Kenntnis der Gesetze. Besser ein überzeugter Materialist, der die Realität der unsichtbaren Welt leugnet, als ein selbst ernannter Spiritualist, der sich auf eine Welt einlässt, die er schlecht kennt und die er aus Eigeninteresse oder sogar nur aus Eitelkeit ausbeuten möchte, um Aufmerksamkeit auf sich zu ziehen: Er übertritt die Gesetze der spirituellen Welt, und früher oder später wird er für seine Fehler einstehen müssen.

Wer behauptet, Glauben zu haben, darf sich davon nichts anderes erwarten, als die Umwandlung seines inneren Lebens und seine eigene Vervollkommnung. Jedes diesem Ziel fremde Element ist nicht der wahrhaftige Glaube. Das Wissen, das die Eingeweihten im Laufe der Jahrhunderte angesammelt haben, war nicht für den Gebrauch bestimmt, den viel zu viele Menschen, die sich dafür interessieren, davon machen: Neugierige, Leichtsinnige, Kranke, Betrüger. Jetzt sollten sich die Wissenschaftler dazu entschließen, die Fähigkeiten zu erforschen, die der Mensch besitzt: mit der Welt der unsichtbaren Wirklichkeit in Kontakt zu treten. Dafür sollten sie ernsthaft die Erfahrungen der geistigen Meister und Mystiker studieren. Denn im Gegensatz zu dem, was viele glaubten und immer noch glauben, ist der wahre Mystiker nicht jemand, der sich auf Hirngespinste der Fantasie einlässt, die ihn nur aus dem Gleichgewicht bringen. Der wahre Mystiker weiß, wohin er geht.

Die Eingeweihten der Antike konnten natürlich nicht dieselben Kenntnisse wie die heutigen Biologen haben, was die Anatomie und die Physiologie des menschlichen Körpers betrifft. Mittels ihrer Techniken der Meditation und der außerkörperlichen Erfahrungen konnten sie entdecken, dass über die Organe wie Magen, Lunge, Herz, Gehirn usw. hinaus, der Mensch feinstoffliche, ätherische Zentren besitzt, die ihm das Leben auf der physischen Ebene ermöglichen und dank derer er in Kontakt mit der spirituellen Welt treten kann, um bei seinen Forschungen absolute Gewissheit zu erlangen.

Man hat sich im Allgemeinen daran gewöhnt, die physische Ebene abgetrennt von der spirituellen zu betrachten, aber in Wahrheit gibt es keinerlei Trennung, keine Unterbrechung, es gibt lediglich einen schrittweisen Übergang von der physischen auf die ätherische Ebene und weiter darüber hinaus auf die Astral-, die Mental-, die Kausal-, die Buddhi- und die Atman-Ebene. Dieser Übergang geschieht mit Hilfe von Zentren und Organen, die auf der feinstofflichen Ebene eine Art Verlängerung der psychischen Zentren und Organe darstellen. Man kann diese Zentren als Transformatoren betrachten, die es dem Menschen ermöglichen, auf harmonische Weise gleichzeitig auf der physischen, der psychischen und der spirituellen Ebene zu leben, denn zwischen den verschiedenen Ebenen vollzieht sich ein ständiger wechselseitiger Austausch. Das ist die wahre geistige Alchimie. Diese schrittweise Transformation der rohen Materie in fluidische, ätherische und spirituelle Materie, und umgekehrt die Verteilung der spirituellen Materie im physischen Körper, der dadurch belebt, angeregt und regeneriert wird. Diese Zentren werden in der hinduistischen Mystik als Chakren bezeichnet. Sie liegen auf der Energiebahn, die in der Wirbelsäule zwischen den Geschlechtsorganen und dem Gehirn zirkulieren. Ich habe schon oft darüber gesprochen, genauso wie über den Solarplexus, das Harazentrum und die Aura, die ebenfalls so etwas wie Verlängerungen unseres physischen Körpers auf den feinstofflichen Ebenen sind.

Da alle Menschen eine identische Struktur haben, hat jeder von ihnen die Möglichkeit, diese alchimistische Arbeit durchzuführen. Dass es nur sehr wenige machen, liegt daran, dass nur wenige sich dieser Möglichkeit bewusst und noch weniger dazu entschlossen sind, sich gründlich mit dieser Arbeit zu befassen. Die meisten interessieren sich für die immer ausgefeilteren Geräte, welche Wissenschaft und Technik unaufhörlich neu zu ihrem Komfort, ihrer Bequemlichkeit oder ihrer Zerstreuung produzieren. Die Apparate, die der Schöpfer in ihr Inneres hineingelegt hat, damit sie die Welt der Seele und des Geistes erforschen, eine Welt, die unendlich viel reicher und schöner ist, die vernachlässigen sie. Sie nutzen nur einen winzigen Teil ihrer Fähigkeiten: den Intellekt. Und da der Intellekt begrenzt ist, ist der für sie erreichbare Horizont extrem eingeengt.

Wenn aber Wissenschaft und Technik jenen

Entwicklungsstand erreichen konnten, wie er sich heute darstellt und wie er alle so sehr begeistert, dann nur deshalb, weil der Mensch auf der psychischen und spirituellen Ebene Apparate besitzt, die das Vorbild sind für jene Geräte, die sie konkret und materiell herstellen konnten. Anderenfalls hätten weder Studien noch Forschungen noch Überlegungen ausgereicht, um sie zu derartigen Entdeckungen zu führen. Die Fotografie zum Beispiel ist nichts anderes als eine Ausdrucksform des Konzeptes der Augen. Und Telefon, Radio, Radargeräte, Computer..., all diese Apparate gibt es auch im Menschen. Das Gehirn für sich ist schon ein Telefon, ein Radio, ein Fernseher, ein Radargerät und ein Computer.

Wenn von den Forschungen der Wissenschaftler die Rede ist, dann denkt man nur an Leute in Laboratorien, die damit beschäftigt sind, Apparate zu bedienen und ganze Seiten mit Berechnungen voll zu schreiben. Es stimmt schon, dass sie Apparate bedienen und Berechnungen anstellen, aber wenn man ihre Arbeitsweise genau beobachten würde, könnte man feststellen, dass sehr oft das Unbewusste bei ihrer Entdeckung eine große Rolle spielt. Zu Beginn wissen viele oft gar nicht so genau, wonach sie forschen. Sie sind nur vom Glauben, von der Gewissheit beseelt, dass sie etwas entdecken werden, wenn sie in eine bestimmte

Richtung gehen. Auch sie stürzen sich gewissermaßen ins Leere. Der Glaube ist dabei also wie eine Antenne, wie ein Radargerät, das eine entfernte Wirklichkeit erfasst. Man nimmt wahr, dass es dort etwas gibt, ein Phänomen, man hat davon eine Vorahnung, ein Gefühl, und an diesem Gefühl kann man nicht zweifeln. Das Herz (sagen wir das Herz, denn es geht hier um Gefühle) ist in der Lage, Dinge zu spüren, die dem Intellekt noch verborgen sind. Und diese Gefühle greift der Intellekt auf, um seine Studien zu betreiben.

Solange ihr nichts gespürt habt, solange ihr nichts erlebt habt, hat der Intellekt nicht die Elemente, an denen er arbeiten könnte. Ja, es ist das Herz, die Fähigkeit, Gefühle zu verspüren, die der Wissenschaft die Materialien liefert. Und die Beständigkeit, die Intensität der Anstrengungen der Forscher, um etwas zu entdecken, versetzen sie manchmal in Zustände, die sie in die Nähe einer außerkörperlichen Erfahrung bringen. Sie werden in unbekannte Regionen versetzt, die sie nicht einmal erahnten. Deswegen kommt ihnen ganz plötzlich in dem Augenblick, da sie es am wenigsten erwarten, die Lösung in den Sinn. Anderen passiert das im Schlaf. Sie wachen plötzlich auf, schreiben ganz schnell etwas auf und schlafen dann wieder ein. Am nächsten Tag erinnern sie sich kaum an das, was sie erlebt haben.

Unsere Seele reist, und ohne dass wir es wissen, tritt sie in Kontakt mit anderen Welten. Und selbst wenn die Forscher diese Welt der Seele (da sie sie niemals unter ihrem Mikroskop oder Skalpell bzw. vor ihrem Teleskop hatten, glauben sie nicht daran!) nicht akzeptieren, haben doch auch sie eine Seele, die reist, ihre Bekanntschaften macht und die neue Erkenntnisse mitbringt, wenn sie zurückkommt. Natürlich, wenn ihr sie fragt, werden sie sagen, dass sie ihre Entdeckungen zufällig gemacht haben. Nein, es gibt kein »zufällig«, es gab eine bestimmte Vorgeschichte, die sie dazu geführt hat, auf diesen »Zufall« zu stoßen.

Andere wiederum hatten eine Intuition betreffend ihrer Entdeckung. Sie spüren die Dinge, sie sehen sie dank ihres inneren Auges, aber sie können sie noch nicht auf die physische Ebene übertragen und anpassen, sie schaffen es noch nicht, die verschiedenen Elemente so anzuordnen, dass es funktioniert. Aber eines schönen Tages, ganz plötzlich, kommen sie darauf, und ihre Intuition bewahrheitet sich. Ob also die Wissenschaftler nun Atheisten oder Gläubige sind, da ihre Forschungsarbeit natürlichen psychischen Vorgängen entspricht, setzen diese bestimmte Mechanismen in Gang, und dann läuft alles ganz automatisch ab: Durch ihren Willen und die Anstrengungen lösen sie Kräfte auf der Mentalebene aus, und jede in Bewegung gesetzte Kraft bringt Ergebnisse und Entdeckungen hervor.

Da es Tausende auf der Welt gibt, die Forschungen betreiben, stellen die Gelehrten eine außergewöhnliche Macht dar. Selbst wenn sie nicht daran glauben, dass diese Forschungen auf der mentalen Ebene Schwingungen und Wellen erzeugen, die sich ausbreiten, hat das nichts zu bedeuten; die Ergebnisse sind da. Natürlich wäre es noch viel besser, wenn sie diese Tatsache akzeptieren würden und sich dessen bewusst wären. Das würde ihre Arbeit erleichtern und sie würden sich zweifellos auch dazu entscheiden, Forschungen in eine Richtung anzustellen, die der Entwicklung der Menschheit förderlicher ist. Wenn sie wüssten, dass die Phänomene, die sie auf der physischen Ebene studieren, jenen entsprechen, die sich im Menschen abspielen, würden sie beginnen, sich für diese wunderbare Apparatur zu interessieren, die jedem Menschen die Möglichkeit gibt, an der Materie seiner Gedanken, seiner Gefühle, seiner Wünsche und all seiner Bewusstseinszustände zu arbeiten. Es würde sich ihnen nicht nur ein Forschungsgebiet von unermesslichem Reichtum auftun, sondern sie würden auch wahrhafte Wohltäter für die Menschheit werden. Obwohl... Schaut euch die Lage all der Wissenschaftler an, die zusehen mussten, wie ihre besten Erfindungen für schädliche und zerstörerische Zwecke verwendet wurden! Selbst Einstein bedauerte, durch seine Arbeit zum Bau der ersten Atombombe beigetragen zu haben.

Die Ebene der Gedanken und Gefühle, die Ebene des Bewusstseins, dies ist es, womit sich die Wissenschaft beschäftigen sollte, denn dort entstehen Wunder oder Horrorszenarien, die jede Vorstellung übersteigen. Und obwohl es dort nichts zu sehen gibt, ist genau das die Wirklichkeit. Darum wählen auch die wahren Eingeweihten und die wahren Weisen die psychische Welt als ihr vorrangiges Studienobjekt aus. In diesem Bereich, wo man nichts sieht, glauben sie felsenfest, dass da etwas ist. Denn ohne Zweifel ist es so. Früher oder später wird man schließlich die Ergebnisse auf der Ebene der Manifestation feststellen.

Wer eine wirkliche innere Arbeit unternommen hat, fühlt sich immer mehr von der Überzeugung getragen, dass niemand ihm die Entdeckungen, die er gerade macht und die Ergebnisse, die er erzielt hat, wegnehmen kann. Hingegen kann man sehr leicht Strom, Telefon, Auto und alle anderen Erfindungen wegnehmen, auf die das 20. Jahrhundert – mit Recht, das erkenne ich an – so sehr stolz ist.

Ich möchte nicht, dass die Wissenschaft mit ihren Forschungen aufhört, im Gegenteil, ich will, dass sie Fortschritte macht, aber in eine andere Richtung. Da das Universum eine Einheit ist, da der Mensch eine Einheit ist, kann man sagen, dass die Wissenschaft mit anderen Mitteln auf der Suche nach denselben Tatsachen ist wie die Religion, und nach und nach wird sie sich den von den großen spirituellen Meistern der Menschheit entdeckten Wahrheiten annähern.

VI

DIE WIEDERENTDECKUNG DES VERBORGENEN WISSENS

Ein Luftballon ist an eine Schnur gebunden. Er möchte zum Himmel aufsteigen, aber er bleibt an die Erde gebunden. So wie bei diesem Luftballon gibt es auch in uns etwas, das sich erheben möchte, das entweichen möchte, das aber durch bestimmte Bande zurückgehalten wird. Wir müssen uns bemühen, diese Bande zu lösen, um einen tiefen, ewigen Wunsch zu erfüllen, der in den Tiefen unserer Seele eingeprägt ist: Der Wunsch, sich in die Unendlichkeit des Lichtes und des Friedens emporzuschwingen, wo unser Ursprung liegt. Aus dieser, oft vagen, unklaren Erinnerung an eine ferne Heimat schöpfen wir unseren Glauben, denn wir tragen in den Tiefen unseres Unbewussten die unauslöschlichen Spuren einer fernen Vergangenheit, wo wir im Schoße des Ewigen lebten.

Wie viele Menschen werden, wenn ihr sie befragt, antworten, dass sie »an jemanden oder an etwas« glauben, ohne dass sie in der Lage wären, genau zu erklären, um wen oder was es sich dabei handelt. Was sie dabei zum Ausdruck bringen, ist gleichzeitig ein Gefühl und eine undefinierbare Gewissheit. Sie spüren intuitiv, dass sie einstmals etwas erfahren und erlebt haben, und dass dieses Wissen und diese Erfahrungen in manchen Augenblicken plötzlich in ihr Bewusstsein aufsteigen, wie das kurze Aufleuchten eines Lichtes aus fernen Zeiten. Es scheint ihnen, dass sie vor langer Zeit etwas ganz Wesentliches gekannt haben. Sie können sich weder an dieses Wissen noch an Erfahrungen erinnern, die sie gemacht haben, sie wissen auch nicht, weshalb sich ihnen dieser Eindruck in so offensichtlicher Weise aufdrängt, aber dennoch bleibt es für sie eine nicht bezweifelbare Realität.

In irgendeinem Moment seines Lebens wurde jeder Mensch, wenn er nicht gerade ein Rohling oder ein Untier ist, von dem Gefühl erfasst, dass ihn etwas in seinem Innern mit einer höheren aber geheimnisvollen Welt verbindet, die in ihm ihre Prägungen hinterlassen hat. Der Unterschied zwischen den Menschen ist der, dass manche dieses Gefühl wieder erlöschen lassen, ohne dass sie herauszufinden versuchen, was es bedeutet. Für andere hingegen ist es der Ausgangspunkt für eine innere Suche, die sie bis zu Gott führt, und sie bauen auf dieser ganz persönlichen Überzeugung nach und nach ihren Glauben auf. Der Glaube ist also die Folge eines uralten Wissens, das in unserem Unterbewusstsein verborgen ist. Wer nicht wenigstens manchmal dem Widerhall dieses Wissens die Möglichkeit gibt, bis in sein Bewusstsein aufzusteigen, wird natürlich von sich sagen, er sei nicht gläubig. Wenn er in seinem Inneren den Strömungen freie Bahn lassen würde, die von der göttlichen Quelle herabfließen, dann würde er die Gegenwart eines unsterblichen Geistes und die Existenz aller himmlischen Mächte erkennen.

Man trifft auch auf Menschen, die sagen, sie seien nicht gläubig, sie seien Atheisten, aber sofort hinzufügen, dass sie dies bedauern und dass sie all jene beneiden, die einen Glauben haben. Aber sie unternehmen keine weiteren Schritte, sie tun so, als ob es absolut nicht von ihnen abhinge, ob sie einen Glauben haben oder nicht, so als ob der Glaube ein Talent wäre, vergleichbar mit einer Begabung für Mathematik oder Musik. Man ist eben begabt oder nicht. Wenn man nicht begabt ist, kann man dies bedauern, aber man kann nichts dagegen tun. Aber sie täuschen sich. Sie wissen nicht, was Glaube wirklich ist und verwechseln ihn mit persönlichen Glaubensüberzeugungen. Weil sie weder an die Erzählungen von der Erschaffung der Welt glauben können noch an die Existenz eines Gottes im Himmel, dessen Hauptbeschäftigung darin besteht, sie zu beobachten, sich ihre Gebete anzuhören, und der sie nach ihrem Tod richten wird, um sie ins Paradies, ins Fegefeuer oder in die Hölle zu schicken usw., sind sie davon überzeugt, dass sie nicht glauben können. Aber das ist nicht Glaube! Glaube ist die Kristallisation eines Wissens aus der Vergangenheit, er beruht auf dem Erfahren der göttlichen Welt, einer Erfahrung, die in jedem Menschen unauslöschliche Spuren hinterlassen hat.

Nur weil sie solche Spuren in sich tragen, bedauern diese Menschen, keinen Glauben zu haben. Sie spüren, dass ihnen etwas Wesentliches fehlt. Aber wenn sie nichts unternehmen, um ihn wiederzufinden, werden sie noch lange und immer stärker an dem leiden, was ihnen fehlt. Selbst die größten Genies der Mathematik oder der Musik hätten nichts erreicht, wenn sie nicht gearbeitet hätten – und mit welch einer Ausdauer! Man darf sich also nicht einbilden, dass man ganz plötzlich Glauben finden wird dank der göttlichen Gnade, die vielleicht über euch kommen mag oder auch nicht. Das ist unmöglich!

Ihr fragt euch, wie es kommt, dass für manche der Glaube von solcher Selbstverständlichkeit ist und für andere nicht. Die Erklärung ist einfach: Wenn ein Mensch in diese Welt hineingeboren wird, kommt er mit der Summe der Erfahrungen, die er in seinen vorangegangenen Inkarnationen gemacht hat. Was er in seinen vergangenen Leben studiert und überprüft hat, ist in seiner Seele aufgezeichnet und tritt dort als Glaube und als Intuition von der göttlichen Welt in Erscheinung. Wenn jemand heute die Existenz seines Himmlischen Vaters anerkennt, dann kann das nur geschehen, weil er schon seit langer Zeit mit Ihm war, mit Ihm in Verbindung stand und dadurch von so starken Spuren geprägt ist, dass er nicht mehr zweifeln kann. Der Glaube an Gott ist seinem Wesen sozusagen aufgeprägt: Er weiß. Deswegen habe ich euch gesagt, dass man Glaube und Wissen nicht als Gegensätze darstellen darf. Glaube ist ein Wissen, das auf Erfahrung basiert. Wer im Verlauf seiner vergangenen Inkarnationen Erfahrungen in den niederen Regionen seines Wesens gesammelt hat, zieht aus diesen Erfahrungen Schlussfolgerungen, die er natürlich für die Wahrheit hält. Er hat also eine bestimmte Art von Glauben (oder es fehlt ihm eben der Glaube, aber auch das ist eine Art Glaube!). Und wer Erfahrungen in den höheren Regionen der Seele und des Geistes gesammelt hat, zieht ebenfalls Schlussfolgerungen, aber er kommt natürlich zu anderen Ergebnissen.

»Aber«, werdet ihr sagen, »warum hört man so viele Leute, die eingestehen, dass sie früher Glauben hatten, ihn aber nun verloren haben?« Der Verlust des Glaubens vollzieht sich im Allgemeinen während der Jugend. Das Kind hat alles geglaubt, was man ihm über Gott und die Religion erzählt hat, genauso wie es alles geglaubt hat, was es in den Märchen gelesen hat. Im Jugendalter wirft es diese Überzeugungen über Bord, von denen es spürt, dass einige falsch sind und andere ihm nichts bringen. Aber wer den wahrhaftigen Glauben in sich trägt, kann ihn nicht verlieren. Selbst, wenn er irgendwann die Überzeugungen seiner Jugendzeit verwirft und Perioden des Zweifels und der Ungläubigkeit durchmacht, bleibt sein Glaube im Verborgenen erhalten, in seinem tiefsten Innern. Für den Augenblick mögen Vergnügungen, Geschäfte oder Ehrgeiz die Oberhand haben, aber wenn er sich die Mühe macht, sich von all diesen Oberflächlichkeiten zu befreien, von all diesen unnützen Lasten, die ihm das Leben schwer machen und verdunkeln, dann wird er wieder in die Quelle des Lebens eingetaucht sein, und er wird sich wieder als Sohn Gottes fühlen.

Es bedeutet also viel Arbeit, sich von den Gedanken, den Gefühlen, den Begierden und all den Sorgen zu befreien, die uns in den niederen Ebenen festhalten, d. h. auf der Astralebene (dem Herz) und der Mentalebene (dem Intellekt). Denn Gott weiß, was das Herz und der Verstand des Menschen alles erfinden können, um die Dinge so darzustellen, wie es ihnen passt und die Menschen zu Gefangenen ihrer Begierden und Gelüste zu machen, und der Intellekt ist stets bereit, dem Herzen tatkräftig zur Seite zu stehen, um ihm die Argumente zu liefern, die in die gewünschte Richtung gehen. Deshalb sind es oft die Intellektuellen – sie mögen es mir verzeihen –, wie intelligent und fähig sie auch auf bestimmten Gebieten sein mögen, welche die größten Irrtümer begehen. Ihr werdet sagen: »Aber sie sind intelligent!« Leider schützt diese Art von Intelligenz nicht vor Irrtümern, denn es fehlt ihr ein entscheidender Faktor, nämlich die Intuition, die es ermöglicht, die Realität jenseits des äußeren Anscheins zu erfassen. Man kann ein anerkannter Gelehrter sein, ein berühmter Philosoph und dabei die größten Irrtümer begehen, weil man nicht versucht hat, sich über die Astral- und Mentalebene hinaus zu erheben, um die Kausalebene zu erreichen.

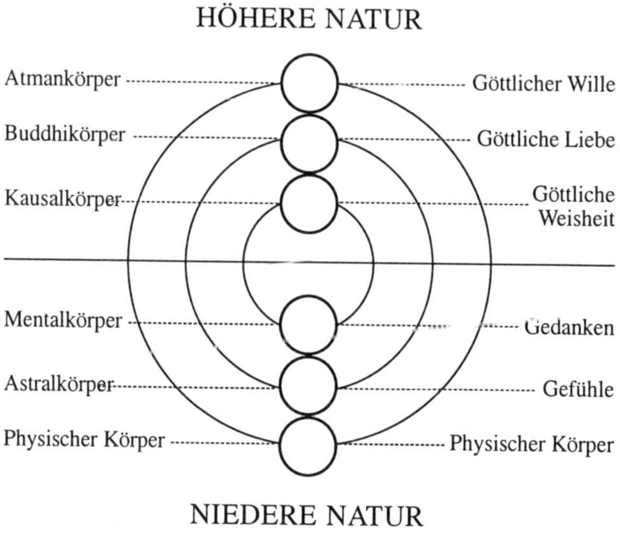

Was ist die Kausalebene? Wie ich euch schon oft erklärt habe, hat das psychische und spirituelle Leben des Menschen seinen Sitz in mehreren Körpern, wie es schematisch im Bild oben dargestellt ist.

Die Kausalebene, auch höhere Mentalebene genannt, symbolisiert in uns den »Felsen«, den Jesus in den Evangelien erwähnt: *»Darum, wer diese meine Rede hört und tut sie, der gleicht einem klugen Mann, der sein Haus auf Fels baute. Als nun ein Platzregen fiel und die Wasser kamen und die Winde wehten und stießen an das Haus, fiel es doch nicht ein; denn es war auf Fels gegründet. Und wer diese meine Rede hört und tut sie nicht, der gleicht einem törichten Mann, der sein Haus auf Sand baute. Als nun ein Platzregen fiel und die Wasser kamen und die Winde wehten und stießen an das Haus, da fiel es ein, und sein Fall war groß« (Mt 7,24-27).*

Wer ein Haus bauen möchte, muss sich zuerst versichern, dass der Baugrund solide ist, denn sonst besteht die Gefahr, dass es in den Boden einsinkt, die Mauern Risse bekommen und den Bewohnern das Dach auf den Kopf fällt. Das Haus in diesem Gleichnis symbolisiert den Menschen. Wenn er seine Existenz auf Sand baut, d. h. auf einen instabilen Grund, der von ungeordneten Gefühlen und Gedanken erschüttert wird (Regen, Sturzbäche und Wind), dann wird er ständig hin und her wanken und letztendlich zusammenbrechen. Um allen Widrigkeiten standzuhalten, sowohl im Inneren als auch im Äußeren, muss er, symbolisch gesprochen, sein Dasein auf Fels bauen, das heißt auf die Kausalebene, bzw. die höhere Mentalebene.

Glaube ist also eine Tugend der Kausalebene, jener Ebene, wo die spirituellen Kräfte wirken. Wie schon der Name »kausal« andeutet, gehen von dieser Ebene die Strömungen aus, welche die mentale, die astrale und die physische Ebene beeinflussen. Deswegen hat die Arbeit, die wir tun können, wenn wir uns bis zur Kausalebene erheben, Auswirkungen auf unsere Gedanken und Gefühle, auf unser tägliches Verhalten und sogar auf unsere Gesundheit, so, als ob von dort oben Befehle gegeben würden, um alles in uns zu organisieren und zu harmonisieren. Und in dem Maße, wie wir diese wohltuenden Auswirkungen erleben, wird unser Glaube stärker und wirksam, denn wir erfahren die Macht des Geistes.

Die Menschen räumen jedoch der Theorie noch immer einen zu großen Platz ein und kümmern sich zu wenig um die praktische Umsetzung. Sie müssen sich endlich entschließen, das, was man sie lehrt, anzuwenden und in die Praxis umzusetzen ohne sich zu fragen: »Aber warum? Aber wie? Ist das wirklich nützlich?« Man muss praktizieren, realisieren, das ist alles. Versucht also die

Erfahrung zu machen, dass der Glaube der Boden ist, auf dem ihr euer Haus erbauen sollt, d. h. euch selbst. Denn sonst habt ihr keinen festen Halt und seid allen Widrigkeiten ausgesetzt. Dass ihr dann Höhen und Tiefen durchlaufen müsst, ist ganz normal. Das tägliche Leben besteht aus Überraschungen und unvorhergesehenen Umständen, die euch im betreffenden Augenblick stören und aus dem Gleichgewicht bringen können. Darum macht euren Glauben nicht von Elementen abhängig, die von der Astral- und Mentalebene stammen, sonst werdet ihr heute glauben, weil ihr euch gut fühlt und zufrieden seid und morgen werdet ihr zweifeln, weil euch unangenehme Ereignisse Kummer bereitet haben...

Glaube darf nicht von äußeren Umständen abhängen. Wer Glauben hat, fühlt sich nicht wirklich betroffen, selbst wenn er Schwierigkeiten und Misserfolge erlebt. Er macht dem Herrn keine Vorwürfe, dass Er seine Bitten um Hilfe und Schutz nicht erfüllt hat. Deswegen solltet ihr reagieren, sobald ihr euch beunruhigt fühlt. Gebt euch dieser Unruhe nicht hin, hindert eure Gedanken daran, in diese negative Richtung abzugleiten. Was auch immer geschieht, bemüht euch darum, immer eine Verbindung zu dieser Region in eurem Inneren aufrechtzuerhalten, die vor allen Widrigkeiten geschützt ist.

So viele Menschen erkennen nur deshalb, dass

ihr Glaube von Phasen voller Zweifel durchzogen ist, weil der Glaube ein sehr erhabener Bewusstseinszustand ist und weil man, um sich auf dieser hohen Ebene halten zu können, sein Bewusstsein nicht von allen möglichen niederen Gedanken und Gefühlen verfinstern lassen darf. Schaut euch einen Trapezkünstler oder einen Seiltänzer an: Er bewegt sich frei in der Luft, und diese Freiheit hat er deswegen, weil er sich nicht von störenden, nicht zur Sache gehörenden Elementen durcheinander bringen lässt, die dazu führen würden, dass er seine Konzentration verliert und zu Boden stürzt. Dasselbe gilt für den wahrhaft Gläubigen: Um sich in dieser Höhe halten zu können, wo der Glaube Gewissheit ist, muss sein Bewusstsein vor Aufregungen, Sorgen und verworrenen Wünschen in Sicherheit sein. Nur unter diesen Bedingungen kann er in den Höhen der Stille und des Lichtes verweilen. Anderenfalls fällt er zurück in Glaubensüberzeugungen und diese Überzeugungen bieten erstens keinen Schutz und zweitens führen sie ihn auch in die Irre.

Wenn wir uns am Fuße eines Berges befinden, ist unsere Sicht beschränkt. Wenn wir aber auf den Gipfel steigen, haben wir freie Sicht, und wir entdecken die ganze Weite, die vor uns liegt. Der Berg mit der Basis und seinem Gipfel findet sich auch in unserem Inneren wieder. Die Basis sind der Intellekt und das Herz, die damit beschäftigt sind, Berechnungen anzustellen, die unsere Sicht begrenzen und vernebeln und uns in die Irre führen. Selbst wenn sich diese Berechnungen für einige Zeit als wirksam erweisen, ist es auf längere Sicht unwahrscheinlich, dass die Ergebnisse weiterhin unseren Erwartungen entsprechen. Der Gipfel, das ist der Geist, der alles ganz genau und aus großer Entfernung sieht; der Geist, der uns führt und uns in unserer Gewissheit festigt. Ja, Glaube ist eine Tugend des Geistes, der, da er die Dinge von sehr hoch oben betrachtet, weiß, wie alles ablaufen wird. Der Geist sagt uns: »Sieh her, was geschehen wird«, und er hat immer Recht. Glaube ist ein Wissen, er ist das volle Licht des Gipfels, wo keinerlei Platz für irgendeine Abweichung ist, während hingegen unten Schatten, Unbeständigkeit und Ungewissheit herrschen. Und je nach seinem Bewusstseinszustand pendelt der Mensch zwischen diesen beiden Regionen hin und her.

Es hängt allein von uns ab, ob wir Glauben haben oder nicht. Den Glauben zu verlieren bedeutet, das Vertrauen in die Macht des Geistes in uns selbst zu verlieren. Glauben zu haben heißt, den Geist an die erste Stelle zu setzen, damit daraus eine geordnete, wohltuende Aktivität entsteht. Dieser Glaube ist wie eine Sonne, die erhellt, wärmt und belebt. Überprüft euer Leben, analysiert die Grundlagen, auf denen ihr es aufgebaut habt: Wie viele eitle, illusorische und unnütze

Dinge werdet ihr da entdecken! Aber ja! Die Jahre vergehen und man wartet immer. Nichts von dem, was man sich vorgestellt hat, tritt ein und man ist enttäuscht, wird verbittert, die Haare werden weiß, die Zähne fallen aus, aber nichts verwirklicht sich. Bevor der Mensch dann ins Jenseits hinübergeht, bemerkt er, wenn auch viel zu spät, dass er in persönlicher Überzeugung und Lüge gelebt hat. Und da er zu diesem Zeitpunkt auch nicht klar sehen will, um zu erkennen, wie sehr er sich wirklich getäuscht hat, beschuldigt er die anderen. Aber was bringt es, die anderen zu beschuldigen? Ändert das etwas an dem traurigen Zustand, auf den sich sein Leben nun beschränkt? Nein, und die kosmische Intelligenz lässt sich von solchen Argumenten nicht erweichen und sagt zu diesem Unwissenden: »Jeder Mensch, der sich auf der Erde inkarniert, ist Träger eines uralten Wissens über seine Herkunft und seine Bestimmung. Es hängt von ihm ab, dieses Wissen nach und nach in sein Bewusstsein aufsteigen zu lassen. Dazu genügt es, dass er die richtigen Bedingungen dafür schafft.«

Wenn der Chemiker ein Experiment machen will, bereitet er alles an Elementen vor, was er braucht. Er weiß, dass sie nicht nur chemisch rein sein müssen, sondern auch, dass sie ihre Wirkung nur unter ganz bestimmten Bedingungen entfalten: Das Verhältnis muss stimmen, die Temperatur, usw. Diese Gesetzmäßigkeit gilt auch auf der spirituellen Ebene. Wer sich bemüht, sich jeden Tag zu reinigen, seine Gedanken und Gefühle zu veredeln und in Harmonie zu leben, schafft günstige Bedingungen, damit in ihm das wahre Wissen und der wahre Glaube zum Vorschein kommen.

Wie viele Reisende berichten hingerissen von den Erfahrungen, die sie in der Wüste oder auf Berggipfeln gemacht haben! Sie berichten, dass angesichts der Unermesslichkeit und der Stille, von der sie sich durchdringen ließen und die an diesen Orten herrscht, sich ihnen als Zeit und Raum offenbart haben, die nicht Zeit und Raum der Menschen sind. Sie haben die Existenz von etwas gespürt, das sich jeder Erklärung und jedem Verständnis entzieht, das sie aber als etwas Wirkliches anerkennen müssen, als die einzige Wirklichkeit. Unter außergewöhnlichen Bedingungen kann man in der Tat solche Erfahrungen machen, aber braucht man unbedingt außergewöhnliche Bedingungen, um so etwas zu erleben?

In Wahrheit kommt diese Gegenwart, die der Mensch im Schoß der Stille entdeckt, ständig vor, sie ist überall gegenwärtig, wo er sich befindet, und wenn er sie nicht wahrnimmt, dann deswegen, weil er innerlich im Bereich von Aufregungen und Lärm verbleibt. Das sind die Instinkte, die Leidenschaften, die finsteren und chaotischen Gedanken und Gefühle. Sobald es ihm aber gelingt, diesen Lärm zum Schweigen zu bringen, hat die Stille, die dann in ihm Einzug hält, die Kraft, ihn in eine andere Zeit und einen anderen Raum zu versetzen, wo das göttliche Wissen, das seit aller Ewigkeit in ihm eingeschrieben ist, sich nach und nach seinem Bewusstsein offenbart, und nichts kann ihn dann mehr zweifeln lassen.

Ich spreche, wiederhole, beharre darauf, ich komme ständig auf die gleichen Themen zurück. Das heißt nicht, dass ich mir nicht darüber im Klaren wäre, wie schwierig dieses Unterfangen ist. Das Ziel ist die Vollkommenheit des Himmlischen Vaters anzustreben. Offensichtlich ist das sehr schwierig, beinahe unrealisierbar. Manche meinen sogar, es sei lächerlich und verrückt. Und trotzdem ist das die Realität: Da Gott uns nach Seinem Ebenbild erschaffen hat, kann das nicht unmöglich sein, und manchen ist es gelungen. Und wenn es manchen gelungen ist, kann man nicht behaupten, anderen könne es nicht auch gelingen. Genauso, wie es keine Rassen gibt, die von Natur aus überlegen wären, so gibt es auch keine überlegenen Menschen. Es gibt lediglich Unterschiede in ihrem Entwicklungsgrad, denn die Menschen haben nicht alle die gleichen Anstrengungen unternommen und nicht dieselbe Arbeit gemacht. Die Wahrheit ist, dass alles, was auf der Welt geschieht, all die mehr oder weniger glücklichen Abenteuer, die die Menschen erleben, nichts anderes sind als Momentaufnahmen in dem Bestreben, das göttliche

Ebenbild in seiner ganzen Fülle zum Ausdruck zu bringen. Nur wenn man es ihnen ständig wiederholt, werden sich die Menschen entschließen in diesem Sinn zu arbeiten. Die gesamte Erziehung müsste ihren Schwerpunkt darauf legen, damit sie in ihrem Inneren dieses verschüttete Wissen wiederfinden können.

Ich will keine Religion verteidigen, ich will nicht einmal den Herrn verteidigen, denn Er hat es nicht nötig, verteidigt zu werden. Glaubt ihr, dass das, was die Menschen tun – selbst wenn sie mehrere Milliarden sind – hier auf diesem Stäubchen, das die Erde ist, Ihn stören könnte? Was sind sie schon in der Unermesslichkeit des Universums, das von unzähligen Geschöpfen, Engeln und Erzengeln bewohnt wird! Der Mensch ist es, den ich verteidigen und unterstützen will, ja, den Menschen, denn er kann seinem Leben nur dann einen wahren Sinn geben, wenn er in sich selbst das Ebenbild Gottes entdeckt und daran arbeitet, dieses Bild zu beleben.

VII

DIE RELIGION IST NUR EINE FORM DES GLAUBENS

Menschen, die sich Kenntnisse aneignen und nachdenken, werden immer als eine Bedrohung für die herrschende Klasse betrachtet, deren vorrangiges Interesse darauf gerichtet ist, sich an der Macht zu halten. In der Tat ist es nicht mehr so einfach möglich, solchen Menschen seinen Willen aufzuzwingen: Sie erwerben Wissen, entwickeln einen kritischen Geist und haben immer Gegenargumente und Einwände vorzubringen. So erreichen sie mehr und mehr Autonomie, emanzipieren sich und können gefährlich werden.

Aber ja, viele werden euch das bestätigen: Wenn man will, dass die Menschen gehorsam und unterwürfig sind, sollte man sie besser in der Unwissenheit belassen. Um dies zu unterstreichen, werden sie euch Beispiele aus der Geschichte nennen, und derer gibt es viele! In wie vielen Ländern war es nicht mehr möglich, die Bauern und die Arbeiter zu beherrschen, als der Bildungsstand in der

Bevölkerung zunahm! Sie zettelten Revolutionen an und massakrierten die herrschende Klasse.

Dasselbe Phänomen erfasste ganze Länder, denen man half, sich zu entwickeln, indem man ihnen nicht nur Bildung, sondern auch die neuesten Errungenschaften der Technik brachte. Nach einiger Zeit traten Ereignisse ein, die zur Forderung nach Unabhängigkeit führten. Sie erreichten diese, indem sie jene angriffen und vertrieben, die ihnen zu all den Vorteilen der Zivilisation verholfen hatten. Und nachdem sie von ihren »Unterdrückern« befreit waren, fielen die meisten dieser Länder Bürgerkriegen zum Opfer, denn nachdem all die Leute endlich befreit waren, begannen sie, sich gegenseitig niederzumetzeln.

Welche Schlüsse muss man aus diesen Beispielen ziehen? Dass Wissen gefährlich ist und man die Menschen in der Unwissenheit belassen sollte? Diese Frage wird unbeantwortet bleiben bzw. nur unzureichende Antworten finden, solange man Folgendes nicht verstanden hat: Wenn man die Ausbildung, d. h. die Entwicklung des Intellektes fördert, muss man gleichzeitig eine andere Ebene nähren und entwickeln, den Sinn für die Moral. Mit der Verbreitung der wissenschaftlichen Erkenntnisse und der Technik haben die Menschen immer mehr die Möglichkeit, Schaden anzurichten. Alles Wissen ist da, in greifbarer Nähe. Jeder x-Beliebige hat Zugang dazu, vorausgesetzt er hat die Fähigkeiten und gibt sich entsprechend Mühe. Bevor man den Menschen bestimmte Erkenntnisse zur Verfügung stellt, sollte man zunächst Gewissheit über ihre Uneigennützigkeit, ihre Charakterstärke und ihr Verantwortungsbewusstsein haben. Man müsste sie also erziehen, aber das ist sehr schwierig.

Und warum ist es dermaßen schwierig, die Menschen zu erziehen? Weil die wahrhafte Erziehung durch Vorbilder vermittelt wird, und leider sind die guten Vorbilder rar. Es genügt nicht, den Menschen zu sagen: »Bitte sehr, wir bringen euch die Bildung, die euch unermessliche Möglichkeiten eröffnet. Da ihr diese Möglichkeiten aber nur für das Gute verwenden dürft, versucht, auch Ehrlichkeit, Uneigennützigkeit und Großzügigkeit zu erlernen.« Außerdem muss man auch zeigen, dass man diese Ratschläge selbst befolgt. Und da das nicht der Fall ist, kümmert man sich nicht weiter um die Erziehung, und wenn es manche tun, rufen sie Protest hervor: »Und Sie? Halten Sie sich denn daran? Sie sind nicht der Richtige, uns Ratschläge zu erteilen.«

Das Wissen ist ohne Zweifel eines der besten Dinge, die es gibt, aber so wie alle guten Dinge birgt es Gefahren in sich, wenn es nicht richtig eingesetzt wird. Jedenfalls wenn es Menschen gibt, die sich durch die Verbreitung von Wissen bedroht fühlen, dann sind das ganz sicher jene, die an der Macht sind. Deshalb hat die Kirche – obwohl sie viel für die Bildung getan hat – gleichzeitig dafür gesorgt, dass die Gläubigen ein bisschen in Unwissenheit verbleiben, um sie weiterhin in ihrer Gewalt zu haben. In allen Religionen fand und findet man noch heute diese Tendenz. Nehmen wir nur Indien als Beispiel: Wie behandelt die Kaste der Brahmanen die Parias sogar noch heutzutage?...

Ich möchte mich mit diesen Fragen nicht im Detail beschäftigen. Mich interessiert nur der Grundgedanke: Die Tatsache, dass bestimmte soziale Schichten, einschließlich des Klerus, versuchen, so viele Menschen wie möglich in Abhängigkeit zu halten, indem sie ihnen jedes Bewusstsein in Bezug auf innere Freiheit nehmen. Jahrhundertelang hat man den Christen sogar erklärt, dass man sich als unwürdiger Sünder fühlen müsse, um dem Herrn zu gefallen. Man sagte ihnen, sie fänden ihr Heil nur, wenn sie sich demütig, untertänig, bescheiden, also unwissend verhielten... denn Wissen führe zwangsläufig zu Hochmut. Als ob der Herr sich an Menschen erfreuen könnte die ständig in Sklaverei und Dunkelheit herumtappen, wo Er sie doch nach Seinem Abbild erschaffen hat! In Wahrheit ging es vor allem der Kirche darum, ihre Autorität und ihre Privilegien zu sichern. Doch die Verhältnisse, so etabliert sie auch sein mögen, bleiben niemals ewig und unveränderlich. Neue Strömungen kommen, die große Umwälzungen hervorrufen werden. Immer mehr erkennen die Menschen Widersprüche zwischen der Religion und dem wahren Glauben und beginnen, sich Fragen zu stellen.

Jemand sagt zu euch, er sei gläubig. Ihr fragt ihn nach seiner Religion und er antwortet euch, er sei Katholik, Protestant, orthodoxer Christ, Jude, Moslem oder sonst etwas. Ihr sprecht weiter mit ihm und nach und nach stellt ihr fest, dass diese Religion, der er anzugehören behauptet, keinen wirklichen Einfluss auf sein Leben hat. Es ist nur eine Ansammlung von unklaren Vorstellungen und leeren Formen, die keinerlei Inhalt haben. Man hat ihm all das in seiner Kindheit beigebracht und er wiederholt es wie eine Lektion, die er auswendig gelernt hat. Hinter diesen persönlichen Überzeugungen steckt nichts Tieferes, Lebendiges. Wenn ihr ihm das aber sagt, wird er euch nicht verstehen und wütend werden: Wie könnt ihr nur an seinem Glauben zweifeln?

Ihr stellt einem anderen Menschen dieselbe Frage. Er sagt euch, er gehöre keiner Religion an. Seine Eltern waren z. B. Katholiken, aber sie haben den Glauben nicht praktiziert, sie haben ihn nicht taufen lassen und ihm keinerlei religiöse Erziehung mitgegeben. Im Laufe des Gespräches stellt ihr aber dennoch fest, dass dieser Mensch einen Sinn für das Heilige hat, dass er von einem hohen Ideal beseelt ist und die edelsten Bestrebungen in sich trägt. Er hat nicht gelernt, über Gott zu sprechen, aber in seinem tiefsten Inneren und im Universum verspürt er die Gegenwart von etwas Höherem, und er sucht nach einem Weg, ein besserer Mensch zu werden, um mit diesem Höheren, dass er vage erahnt, in Harmonie zu leben. Dieser Mensch hat vielleicht keine Religion, aber er hat einen Glauben.

Wie viele Menschen habe ich in meinem Leben schon getroffen und wie oft habe ich diese Beobachtung schon gemacht! Deshalb ist die Religion, anders als die meisten Gläubigen meinen, eine Sache und der Glaube eine andere. Die Religion ist eine Ansammlung von Dogmen und Doktrinen, die man den Gläubigen als Glaubensvorschriften präsentiert. Der Glaube beschränkt sich jedoch nicht auf die Zustimmung zu irgendeiner Doktrin. Er steht nicht grundsätzlich im Widerspruch dazu, aber er beschränkt sich nicht darauf.

Betrachten wir die christliche Religion. Gehen wir zusammenfassend davon aus, dass sie auf folgenden Prinzipien basiert: Jesus, einziger Sohn Gottes, zweite Person der Dreifaltigkeit, inkarnierte sich zum Heil der Menschen auf der Erde. Er wurde durch das Wirken des Heiligen Geistes von der Jungfrau Maria geboren, die von Anbeginn an das einzige menschliche Wesen war, das von der Erbsünde verschont blieb. Im Alter von 30 Jahren begann er, seine Lehre in Palästina zu verbreiten und Wunder zu vollbringen. Mit 33 Jahren starb er am Kreuz. Doch drei Tage danach ist er auferstanden und mit seinem physischen Körper in den Himmel aufgestiegen. Am Ende der Zeiten werden die Menschen auferstehen wie er. Sie werden aus ihren Gräbern steigen und vor ihn treten, um gerichtet zu werden.

Das sind zusammengefasst, die Prinzipien der christlichen Religion. Wer sie anzweifelt, kann sich nicht als Christ bezeichnen. Tausende Gläubige sind in den Tod gegangen, um diese Prinzipien zu verteidigen. Das hat sie übrigens oft nicht daran gehindert, wie vollkommen Ungläubige zu leben. Gar nicht zu reden von dem sehr schlechten Beispiel, das die Mitglieder des Klerus im Laufe der Jahrhunderte abgegeben haben. Wenn man jetzt aber manche Christen fragt, werden sie zugeben, dass sie große Schwierigkeiten haben, an all das zu glauben, was die Kirche über die Göttlichkeit von Jesus, seine Geburt, seine Auferstehung und seine Himmelfahrt gesagt hat. Diese Schwierigkeiten haben sie allein deshalb, weil diese Doktrinen allen Gesetzen der Natur widersprechen und auch dem gesunden Menschenverstand, was zum Beispiel die Auferstehung der Toten am Ende der Zeiten betrifft. Trotzdem fühlen sie sich zutiefst als Christen, denn sie sind sich dessen bewusst, dass Jesus durch sein Leben, seine Lehre und sein Opfer ein unübertreffliches Vorbild darstellt.

Jene Christen, die einiges über andere Religion wissen, können nicht umhin festzustellen, dass diese auf genauso erhabenen Konzepten beruhen wie das Christentum, und manche fragen sich, warum man ihnen einreden möchte, dass ihre Religion den anderen derartig überlegen sei. War es im Verlauf der Geschichte von 2000 Jahren wirklich das einzige Mal, dass Gott Seinen Sohn gesandt hat? Von wem wurden dann all die anderen Religionen gegründet? Von Verrückten? Von Menschen, die den anderen ihre Meinung aufgezwungen haben?... Und jene die diese Religionen praktizieren, irren sich die?... Wenn sie ein vorbildliches Leben führen, haben sie dann in den Augen Gottes nicht denselben Wert?

Immer mehr Menschen beschäftigen diese Fragen und ich habe manche getroffen, die sich wirklich damit quälen. Ganz besonders erinnere ich mich an die Tochter eines protestantischen Pastors, die dieses Thema so sehr durcheinander brachte, dass sie nahe daran war, das psychische Gleichgewicht zu verlieren. Ich musste mehrere Stunden damit verbringen, ihr zu erklären, dass Religion und Glaube nicht notwendigerweise dasselbe sind und dass der Glaube, selbst wenn er sich meistens in einer von Menschen auf durch Dogmen und Rituale aufgestellten Religion ausdrückt, in Wirklichkeit auch ohne sie gelebt werden kann.

Da sie die Tochter eines Pastors war, ließ sie der Vater natürlich die Bibel studieren, und ich fragte sie: »Erinnern sie sich an die Stelle, wo geschrieben steht, dass Gott Sein Gesetz in die Herzen der Menschen geschrieben hat und dass daher kein Mensch einen anderen Menschen belehren muss, denn vom Kleinsten bis zum Größten werden alle Ihn schauen?« »Ja, ja,»antwortete sie, »das schreibt Jeremia« (Jer 31,33-34). Ich bin immer verblüfft zu sehen, wie gut die Protestanten die Bibel kennen. Ich kann so gut wie nie Bibelstellen genau zitieren und oft erinnere ich mich nicht einmal mehr in welchem Teil sie stehen. Nur reicht es eben nicht aus, die Bibel auswendig zitieren zu können, man muss auch in der Lage sein, sie auszulegen. Und dann habe ich diesem netten Mädchen erklärt: »Sehen Sie, es steht geschrieben, dass Gott Sein Gesetz in die Herzen der Menschen geschrieben hat und nicht nur in das Herz bestimmter Menschen, sondern in das aller. Versuchen Sie zu verstehen, dass Glauben haben bedeutet, dieses Gesetz in seinem Herzen lesen zu können und hören Sie auf, sich damit zu quälen, ob Ihr Glaube vollkommen mit dem übereinstimmt, was Ihr Vater predigt.«

Natürlich wäre es nicht vernünftig, die Menschen sich selbst zu überlassen unter dem Vorwand, dass sie Gottes Gesetz in ihrem Herzen lesen sollen, denn die meisten von ihnen sind dazu noch nicht reif. Um dieses Gesetz, das Gott in unsere Herzen geschrieben hat, richtig lesen zu können, muss man zuvor Ordnung in sich selbst schaffen, denn sonst wird man dort nur Fantastereien und finstere Begierden herauslesen. Das müsste die Rolle der Religionen sein: den Menschen beizubringen, wie sie Gottes Gesetz lesen können, das in ihnen festgeschrieben ist. Stattdessen begnügen sie sich meist damit, ihnen alle möglichen Doktrinen aufzuzwingen, von denen sie nichts begreifen und die ihnen für ihr Leben nichts nützen. Welchen Glauben können sie also haben? Es gibt Menschen, die sich voller Stolz für ungläubig erklären. Das ist gut und recht, es ist ihre Angelegenheit, lassen wir sie. Das Problem sind jene, die sich als Gläubige bezeichnen und sich mit unlösbaren Widersprüchen herumschlagen.

Wie kann man nur glauben, man könne das innere Leben der Menschen mit dem nähren, was man ihnen in Form von Glaubenssätzen vorsetzt? Für sie ist das genauso abstrakt, als würde man ihnen sagen, sie sollen an mathematische Funktionen glauben. Für wie viele Christen stellt die Idee eines dreifaltigen Gottes eine lebendige Realität dar? Und wenn sie Fragen stellen, erwidert man, es handle sich um ein Mysterium. Glücklicherweise tragen sie diese Prägungen in sich, die der

Schöpfer in sie hineingelegt hat. Sie allein ermöglicht es ihnen – wenn sie wirklich suchen – in ihren Herzen und ihrer Seele das zu entdecken, was die Religion nicht offenbart. Warum aber ist das so? Weil die Religion oder genauer gesagt ihre Repräsentanten, im Allgemeinen mehr damit beschäftigt sind, ihre Macht zu sichern, als die Menschen aufzuklären, selbst wenn sie vorgeben deren Seele zu retten!

Privilegien haben und Macht ausüben zu wollen, die andere nicht haben, ist eine der niederen Natur des Menschen angeborene Neigung. Und es gibt so viele Varianten sich den anderen aufzuzwingen! Wenn man es auf der physischen Ebene nicht schafft, versucht man es auf der psychischen. So viele ehrgeizige, fanatische und gierige Menschen haben die Religion dazu benutzt, die Menschen psychisch oder moralisch in einer Weise zu beherrschen, wie man es sonst unmöglich geschafft hätte! Und deshalb muss man feststellen, dass die Religion allzu oft zu einer menschlichen Institution geworden ist, die mit Glauben nichts zu tun hat. Wollt ihr noch einen Beweis? Die Verbohrtheit des Klerus, die Gläubigen davon überzeugen zu wollen, dass ihre Religion überlegen sei. Darum findet man überall auf der Welt Menschen, die denken, ihre Religion sei höherstehend, genauso wie sie auch glauben, ihr Land sei etwas Besseres. Sie schließen sich in ihrer Religion ein, ebenso wie sie sich in den Grenzen ihres Landes einschließen und übrigens sind diese oft sogar dieselben. Mit solchen Glaubenslehren begehen sie Verbrechen ohne Ende und versündigen sich gegen den Herrn; die Christen ebenso wie alle anderen! Mit Sicherheit war das nicht das Beispiel das Jesus ihnen vorlebte. Haben sie denn nicht in den Evangelien gelesen, wie Jesus sich gegenüber den Samaritern verhalten hat?

Als Jesus von Galiläa nach Judäa ging, musste er Samaria durchqueren. Die Samariter wurden von den Juden als Heiden und Götzendiener betrachtet, mit denen sie nicht verkehren durften, und die Samariter waren ihnen ihrerseits feindselig gesinnt. Doch als Jesus einmal nach Jerusalem kam, sandte er seine Jünger in ein Dorf in Samaria, um dort eine Unterkunft vorzubereiten, doch die Bewohner weigerten sich, sie zu empfangen. Und das Neue Testament berichtet: *Als die Jünger Jakobus und Johannes das sehen sagten sie: ›Herr, sollen wir befehlen, dass Feuer vom Himmel fällt und sie vernichtet?‹ Da wandte er sich um und wies sie zurecht und sagte: ›Ihr wisst nicht, von welchem Geist ihr beseelt seit. Denn der Menschensohn ist nicht gekommen um Seelen zu verlieren, sondern um sie zu retten« (Lk 9, 54-56).*

Ein anderes Mal, als Jesus wieder durch Samaria zog, hielt er bei einem Brunnen an, um sich auszuruhen. Eine Samariterin kam vorbei, um

Wasser zu schöpfen und er bat sie um etwas zu Trinken. Und als sie zu ihm sagte: *»Unsere Väter haben auf diesem Berge Gott angebetet und ihr sagt, in Jerusalem sei die Stätte, wo man anbeten soll«,* antwortete ihr Jesus: *»Glaube mir, Frau, es kommt die Zeit, dass ihr weder auf diesem Berge noch in Jerusalem den Vater anbeten werdet. Aber es kommt die Zeit und ist schon jetzt, in der die wahren Anbeter den Vater anbeten werden im Geist und in der Wahrheit. Denn auch der Vater will solche Anbeter haben. Gott ist Geist, und die ihn anbeten, müssen ihn im Geist und in der Wahrheit anbeten« (Jh 4,20-24).* Und als seine Jünger zu ihm kamen, waren sie erstaunt, ihn mit einer Frau sprechen zu sehen, und noch dazu mit einer Fremden, denn dadurch übertrat er das Gesetz.

Bei wieder einer anderen Gelegenheit musste Jesus einem Rechtsgelehrten, der ihn befragt, erklären, was die Nächstenliebe ist, die der Mensch praktizieren muss, um das ewige Leben zu erlangen, und er antwortete mit dem folgenden Gleichnis: *»Es war ein Mensch, der ging von Jerusalem hinab nach Jericho und fiel unter die Räuber; die zogen ihn aus und schlugen ihn und machten sich davon und ließen ihn halbtot liegen. Es traf sich aber, dass ein Priester dieselbe Strasse hinabzog, und als er ihn sah, ging er vorüber. Desgleichen auch ein Levit: Als er zu der Stelle kam und ihn sah, ging er vorüber. Ein Samariter aber, der auf* *der Reise war, kam dahin; und als er ihn sah, jammerte er ihn; und er ging zu ihm, goss Öl und Wein auf seine Wunden und verband sie ihm, hob ihn auf sein Tier und brachte ihn in eine Herberge und pflegte ihn. Am nächsten Tag zog er zwei Silbergroschen heraus, gab sie dem Wirt und sprach: ›Pflege ihn; und wenn du mehr ausgibst, will ich dir's bezahlen wenn ich wiederkomme.‹ Wer von diesen dreien, meinst du, ist der Nächste gewesen dem, der unter die Räuber gefallen war? Er sprach: ›Der die Barmherzigkeit an ihm tat.‹ Da sprach Jesus zu ihm: So geh hin und tu desgleichen!« (Lk 10,30-37)*

Somit sind es weder der Priester noch der Levit, Repräsentanten des jüdischen Glaubens, die Jesus als Vorbild nimmt, sondern ein gewöhnlicher Mensch und noch dazu ein Samariter, also ein Mitglied einer Gemeinschaft, dem er als Jude feindselig hätte gegenüberstehen müssen, denn sie praktizierten noch immer den Götzenkult. Wenn sich die Christen die Mühe gemacht hätten, über diese Geschichten aus den Evangelien und die Geisteshaltung von Jesus zu meditieren, dann hätten sie besser verstanden, dass der wahre Glaube ein Bewusstseinszustand ist, der die engen Grenzen einer Religion sprengt.

Ihr werdet sagen: »Aber Jesus war doch auch nicht sehr tolerant! Überall in den heiligen Schriften empörte er sich ständig über die Schriftgelehrten, die Pharisäer und die Sadduzäer.« Das ist richtig, warum aber empörte er sich über sie? Weil sie das Gesetz Mose nur seiner äußeren Form nach beachteten und ihre Macht benutzten, um das Volk zu unterdrücken. Darum sagte er zu ihnen: *»Weh euch, Schriftgelehrte und Pharisäer, ihr Heuchler, die ihr den Zehnten gebt von Minze, Dill und Kümmel und lasst das Wichtigste im Gesetz beiseite, nämlich das Recht, die Barmherzigkeit und den Glauben! Doch dies sollte man tun und jenes nicht lassen. Ihr verblendeten Führer, die ihr Mücken aussiebt, aber Kamele verschluckt!« (Mt 23,23-24).* Oder an anderer Stelle: *»Weh euch, Schriftgelehrte und Pharisäer, ihr Heuchler, die ihr das Himmelreich zuschließt vor den Menschen! Ihr geht nicht hinein, und die hineinwollen, lasst ihr nicht hineingehen« (Mt. 23,13).* Jesus wirft ihnen also vor, dass sie nicht von wahrhaftem Glauben beseelt sind, sondern dass sie sich damit begnügen, *»sich auf den Stuhl des Mose gesetzt« zu haben« (Mt 23,2).* Eines Tages geht er sogar so weit, dass er zu ihnen sagt: *»Die Zöllner und Huren kommen eher ins Reich Gottes als ihr« (Mt 21,31).* Das war für sie natürlich die schlimmste Beleidigung.

Die Pharisäer und Sadduzäer waren sehr stolz auf ihr Wissen, dies umso mehr als ihre Macht darauf basierte. Wenn sie sich gegen Jesus stellten, dann immer, indem sie die Vorschriften des Gesetzes zitierten; als ob Jesus diese nicht gekannt hätte. Und Jesus, der, wenn er zur Menge sprach, niemals Zitate verwendete, beweist in seinen Antworten gegenüber den Pharisäern und Sadduzäern, dass er das Gesetz genauso gut kannte wie sie, indem er andere Vorschriften zitierte, die sein Verhalten rechtfertigten. Es waren also die Pharisäer und Sadduzäer, die aus dem Gesetz einige der von Moses gegebenen Regeln auswählten und andere hingegen vernachlässigten, die ihnen weniger gelegen kamen.

Und man muss zugeben, dass das Christentum mit der Lehre von Jesus nicht anders verfahren ist. Und alle anderen Religionen machen es genauso. Mit der Zeit lassen sie sich zu einer bestimmten Auslese innerhalb der Lehre ihres Gründers verleiten, indem sie einerseits entfernen, was sie stört und andererseits eine ganze Reihe von Doktrinen, selbst erfundenen Regeln und Praktiken hinzufügen, weil ihnen das notwendig erscheint im Hinblick auf den Einfluss, den sie ausüben wollen.

Sei es nun physisch oder psychisch, der Instinkt, andere zu beherrschen, ist am stärksten von allen im Menschen verwurzelt. Und wenn ein außergewöhnlicher Mensch, der uneigennützig und voller Liebe ist, kommt um die Menschen zu befreien, wird seine Botschaft sofort verdreht von einigen, die sich ihrer bedienen, um die Menschen von neuem zu versklaven. Es gibt tausend Möglichkeiten, die Menschen zu unterwerfen. Ihnen bestimmte Überzeugungen aufzuzwingen ist eine davon. Und so wurden alle Religionen in mehr oder weniger ausgeprägter Weise zu einer Art Institution, um die Völker zu unterdrücken.

Die Christen dürfen sich daher nicht einbilden, dass sie den Juden, die Jesus tadelte, sehr weit überlegen sind. Denn wenn er wieder käme, würde er den Päpsten, Kardinälen, Bischöfen, Theologen, usw., die nacheinander seit Jahrhunderten an der Spitze der Kirche standen, dieselben Vorwürfe machen. Sie sollten die Menschen lehren, wie man den wahren Glauben findet. Das heißt, sie zu dem Bewusstsein zu führen, dass alle spirituellen Möglichkeiten und Reichtümer in ihrem Inneren vorhanden sind. Außerdem sollten sie sie lehren, wie man diese entwickelt. Stattdessen aber bemühten sich die meisten von ihnen darum, Gott für sich mit Beschlag zu belegen. Sie haben gepredigt: »Kein Heil außerhalb der Kirche!« Schön und gut, das wäre auch nicht unbedingt schlecht, aber nur unter der Bedingung, dass die Kirche mit gutem Beispiel vorangeht, indem sie die spirituellen Prinzipien an die erste Stelle setzt. In Wahrheit hat sie sich zu denselben Irrtümern hinreißen lassen wie die weltlichen Mächte. Sie wollte zu einer Macht werden und hat den Schwerpunkt auf die Organisation gelegt. Und heute ist die Kirche sicherlich äußerlich ein wunderbar organisiertes Gebäude, aber im Inneren dieses Gebäudes, wie viel bröckelt da ab und zerfällt!

Über Jahrhunderte haben die Christen die Juden unter dem Vorwand verfolgt, sie hätten Jesus umgebracht. Aber stellt euch vor, Jesus käme wieder. Wäre er so besonders glücklich zu sehen, was aus dem Christentum im Laufe der Jahrhunderte geworden ist?... Die Christen mögen mir verzeihen, aber das Bild, das sich ihm darbieten würde und die Predigten, die er hören würde, würden ihn an das erinnern, was er bei den Schriftgelehrten, Pharisäern und Sadduzäern verurteilte. Er würde seine Stimme also von neuem gegen diese Zustände erheben. Aber anstatt ihm zuzuhören, würden manche ein Komplott schmieden, um ihn umzubringen. Aber ja! Heute wären es die Christen, die ihn töten würden oder die alles einfädeln würden, um ihn zum Schweigen zu bringen.

Alles, was sich auf der Erde verwirklicht, hat seinen Ursprung und seine Wurzeln oben, in der göttlichen Welt. Nichts von dem, was man auf der Erde erschafft, kann bestehen, wenn man sich nicht zuvor darum kümmert, die Basis dafür auf der spirituellen Ebene zu schaffen. Das gilt sogar für politische und soziale Einrichtungen und daher umso mehr für eine Institution wie die Kirche. Dadurch, dass sie eine weltliche Macht werden wollte, hat sie nach und nach das verloren, was die

Kraft der Botschaft der Evangelien ausmachte. Gleichzeitig hat sie immer mehr Doktrinen und Glaubenssätze aufgestellt, die schließlich die Botschaft verschleiert haben. In all dem, was die Kirche heute lehrt, ist es oft schwierig, die Stimme Jesu wiederzufinden.

Man kann den etablierten Religionen daher auch den Vorwurf machen, dass sie sich nach und nach in der Materie verstricken, was viele Irrtümer mit sich bringt und auch viele Lügen. Daher gelingt es den Gläubigen nicht, in ihrem Leben wirklich viel zu verbessern, auch nicht in ihren weltlichen Geschäften. Die wahre Macht des Menschen liegt in seinem Geist, nicht in der Materie. Auch ich kann so wie jedermann die Schönheit der kirchlichen Bauten und der Zeremonien, die dort stattfinden, bewundern. Doch die Wahrhaftigkeit einer Religion wird nicht am Reichtum und den Verzierungen in ihren Tempeln und auch nicht an der Aufwändigkeit der Gewänder ihrer Priester gemessen. Wie viele Monarchen besaßen übrigens Schlösser, Kleider und Schmuck, die noch viel kostbarer waren! Mit der Zeit hat sich das Christentum in eine Art Museum verwandelt, wo man die ganze Geschichte der Architektur, der Malerei und der Musik wiederfinden kann. Es gibt dort vieles zu bewundern, das ist richtig, aber das alles war früher einmal lebendig. Heute sind das nur noch Überreste der Vergangenheit. Es gibt zu viele

Spuren der Vergangenheit und der Geist ist verloren gegangen. Es ist normal, dass sich der Geist auf geeignete Weise in der Materie manifestiert, doch das, was man heutzutage zu sehen bekommt, ist keine Manifestation des Geistes in der Materie, sondern im Gegenteil die Materie, die den Geist verschlingt, lähmt. Wo sind heute der Glaube, die Glut, der Eifer, die in der Lage waren, derartige Meisterwerke hervorzubringen?

Auch wenn die Religion, wie sie den Christen gelehrt wurde, über Jahrhunderte außergewöhnliche Werke auf den Gebieten der Geisteswissenschaft und der Kunst hervorgebracht hat, genügt das heute nicht mehr. Der Beweis: Die Kirchen leeren sich, die Priester werden immer weniger, und wenn ihr jene fragt, die sich Christen nennen, dann können euch die meisten von ihnen nicht sagen, woran sie genau glauben. Ihr könnt auch sehr rasch feststellen, dass sie ihre Heiligen Schriften, dasAlte und das Neue Testament zum großen Teil nicht verstehen. Sie achten sie, verehren sie, sind davon überzeugt, dass die Bibel ihren Autoren von Gott eingegeben wurde, aber all diese Texte, die vor so langer Zeit geschrieben wurden, entsprechen nicht mehr ihrer Mentalität.

Die Begründer der großen Religionen, die Eingeweihten der Vergangenheit haben für eine bestimmte Epoche gesprochen. Selbst wenn es eine Reihe von Wahrheiten gibt, die in alle Ewigkeit gültig sind, müssen sie in jeder Epoche an die Mentalität der Menschen angepasst werden. Wenn man sie wörtlich nimmt, führt das nur dazu, dass sie unverständlich oder sogar schockierend wirken. Jesus ist gekommen, um die Lehre von Moses zu erweitern. Er sagte: *»Ihr sollt nicht meinen, dass ich gekommen bin, das Gesetz oder die Propheten aufzulösen; ich bin nicht gekommen, aufzulösen, sondern zu erfüllen« (Mt 5,17).*

Man spricht von der Offenbarung der Religionen, als ob zu bestimmten Zeitpunkten der Geschichte Gott selbst das Wort ergriffen hätte, um sich zu erkennen zu geben, Gebote aufzustellen, und das, was Er damals sagte, müsse daher als endgültig betrachtet werden, ohne dass jemals etwas hinzugefügt oder weggelassen werden könnte. Doch Gott ist nicht persönlich gekommen, um sich zu manifestieren. Er hat sich durch seine erleuchtetsten und würdigsten Söhne hindurch zu erkennen gegeben. Das waren Moses, Zarathustra, Buddha, Jesus, Mohammed und all die großen spirituellen Meister, von denen einige sogar unbekannt sind, da ihre Namen in Vergessenheit geraten sind. Und diese Menschen, die als Vermittler aufgetreten sind, gehörten jeweils einer bestimmten Kultur und einer bestimmten Epoche an. Sie konnten also nicht mit Absolutheit und für alle Ewigkeit sprechen. Deshalb hört Gott, der Liebe ist, niemals auf, sich zu offenbaren, und zwar mit Hilfe Seiner anderen Söhne als Vermittler, die Er immer wieder auf die Erde entsendet.

Eine Religion ist nur eine Form, die der Glaube annimmt, und keine Form kann jemals unveränderlich bleiben. Das Christentum, das im Nahen Osten entstanden ist, hat von Anfang an bestimmte Elemente der griechischen und der römischen Kultur übernommen, die zu jenen Einflüssen noch hinzukamen, die es schon vom Judentum geerbt hat, das seinerseits von den Religionen seiner Nachbarländer beeinflusst wurde, wie zum Beispiel Ägypten, Mesopotamien, usw. Eine Religion entsteht niemals aus dem Nichts. Sie übernimmt immer Elemente der vorangegangenen Religion und sie wandelt sich, wenn sie sich weit weg vom Ort ihrer Entstehung weiter verbreitet. So haben die Völker Afrikas, Amerikas und Asiens, die zum Christentum bekehrt wurden, dem Christentum Elemente ihrer eigenen Kulturen beigemengt.

Ob man will oder nicht, die Religionen wandeln sich. Selbst wenn es immer dieselben heiligen Schriften sind, wird der Abstand zwischen dem, was die Leute lesen und dem, was sie denken und tun, immer größer. Deshalb ist es nicht vernünftig, sich darauf zu versteifen, die Formen einer Religion in alle Ewigkeit wahren zu wollen. Die Menschheit entwickelt sich, denn Entwicklung ist eine Gesetzmäßigkeit des Lebens. Im Laufe der

Zeit erwerben die Menschen ein anderes Verständnis von den Dingen und haben andere Bedürfnisse. Heutzutage sind zum Beispiel ihre Kenntnisse über das Leben der Psyche um vieles fortgeschrittener und sie haben, zumindest viele unter ihnen, ein moralisches Bewusstsein erlangt, von dem man in den vergangenen Jahrhunderten noch keine Ahnung hatte. Man muss daher die Wahrheiten einer Religion anpassen, damit sie weiterhin für die Menschen lebendig bleiben.

Schaut nur einmal, wie sehr sich das Bild von Gott weiterentwickelt hat. Wie soll man über Gott sprechen, dieses Wesen, das jedes Verständnis übertrifft, wenn man sich an primitive Völker wendet, die keinerlei Vorstellung vom inneren Leben der Menschen haben? Man musste eine Sprache wählen, die sie verstehen konnten, daher gab man diesem Gott menschliche Charakterzüge, obwohl man natürlich Seine Macht und Seine Größe betonte. So hat man aus Ihm einen König gemacht, mit den charakteristischen Wesensmerkmalen von Königen, die auf der Erde herrschten, autoritär, zornig, eifersüchtig, rachsüchtig gegenüber jenen, die sich nicht vor ihnen verneigten und Belohnungen verteilend an seine Gefolge. Welch edle Beschäftigungen für den Herrn, nicht wahr? Und da die Weltbevölkerung ständig wächst, stellt euch vor, wie viel Arbeit Er hat! Wer möchte da schon an Seiner Stelle sein? Heutzutage gibt es schon

Könige auf der Erde, die ihre Zeit vernünftiger und nützlicher verbringen.

Deswegen findet man heute immer weniger Menschen, die das Bild von einem Gott, der sie bestraft, wenn sie ungehorsam sind und der sie belohnt, wenn sie seinen Willen erfüllen, ernst nehmen. Wenn man ihnen jedoch die Auswirkungen ihrer Gedanken, Gefühle und Handlungen auf die Organe ihres Körpers und ihrer Psyche erklärt, werden sie das viel besser verstehen. Ob sie das beherzigen, ist wieder eine andere Frage. Aber früher oder später werden sie deren Wahrhaftigkeit selbst feststellen.

Durch die Fortschritte auf dem Gebiet der wissenschaftlichen und technischen Erkenntnisse sind unsere Zeitgenossen gezwungen, festzustellen, dass das gesamte Universum von Gesetzen regiert wird. Daher können sie, selbst wenn ihnen das Wort »Gott« nicht mehr sehr viel sagt, verstehen, dass es eine kosmische Intelligenz gibt, die Gesetze aufgestellt hat und dass diese Gesetze, die im Universum herrschen, auch den Menschen beherrschen: sowohl sein physisches als auch sein psychisches Leben. Eines dieser Gesetze beinhaltet, dass alles, was der Mensch tut, in ihm aufgezeichnet wird, sowohl in seinem physischen als auch in seinem psychischen Organismus. Ja, ob sie nun gut oder schlecht sind, seine Gedanken, seine Gefühle, seine Wünsche und Handlungen prägen sich der Materie auf, aus der er besteht. Daher wirkt sich alles Schlechte, das er tut, in ihm wie ein Hindernis und eine Einschränkung aus, und alles Gute, das er tut, bringt ihm hingegen große Möglichkeiten, sich zu entfalten.

Das ist es, was man den Menschen jetzt zu verstehen geben muss. Sonst werden weder die Kirche, noch die Bibel, noch die heiligen Schriften, auch wenn sie in alle Sprachen übersetzt sind, in der Lage sein, sie zur Vernunft zu bringen. Ich bezweifle nicht die Wahrhaftigkeit der heiligen Schriften. Versteht mich nicht falsch. Aber diese Art und Weise, die Dinge darzustellen, die vor Jahrhunderten gut war, ist heute nicht mehr wirkungsvoll. Die Menschen müssen den Grund, warum sie die göttlichen Gesetze respektieren sollen, in sich selbst finden. In sich selbst müssen sie das göttliche Vorbild entdecken.

Damit das also klar ist! Wenn man von »Offenbarungsreligionen« spricht, darf man sich nicht vorstellen, dass Gott Selbst gekommen ist, um sich auf der Erde zu inkarnieren oder dass Er sich an diese oder jene historische Persönlichkeit gewandt hätte, um ihr Wahrheiten zu vermitteln, die über Jahrhunderte hinweg unveränderlich bleiben müssen. Keine Religion kann die Unermesslichkeit und Unendlichkeit Gottes widerspiegeln. Jeder Epoche entspricht eine bestimmte Form der Religion. Ich sage bewusst eine Form, nicht eine Religion, denn wir brauchen keine neue Religion.

Der Glaube muss auf Fundamenten ruhen, die durch nichts erschüttert werden können, denn sonst wird eine seiner Vorschriften nach der anderen links liegen gelassen, egal, wie sehr sich jene auch anstrengen, die sie verteidigen wollen. Man sieht es ohnehin deutlich, dass die Menschen sie missachten, wenn sie nicht entsprechend angepasst sind. All die Gebote, all die Dogmen, die nirgends mehr dazupassen, gleichen leeren Häusern: Sie wurden zurückgelassen, die Bewohner sind fortgezogen, um anderswo zu leben.

Begreift also, ich habe nicht die Absicht, eine neue Religion zu bringen, sondern es geht mir darum, Lehren weiterzuentwickeln und zu vertiefen, deren Prinzipien sehr alt sind und die unserer Epoche angepasst werden müssen. Die Geschichte der Menschheit ist eine Folge von Veränderungen. Nichts kann so bleiben, wie es ist, denn das Leben ist ständige Bewegung. Jetzt möchte man denken, dass diese Bewegung immer auch Fortschritt ist. Leider muss man feststellen, dass es manchmal auch Rückschritte gibt. Ob aber Fortschritt oder Rückschritt, nichts bleibt an seinem Platz. Bei den Menschen folgt eine Generation der anderen, und selbst wenn in manchen Gesellschaften die Veränderungen langsamer vor sich gehen als in anderen, kann niemand sich widersetzen, wenn günstige

Bedingungen herrschen. Es ist wie bei Strömungen, die jene zu erfassen beginnen, die sich auf sie vorbereitet haben und diese dann weitertragen. Und wenn sie letztendlich Erfolg haben, bedeutet das, dass der Zeitpunkt dafür gekommen war.

Wenn man jetzt die Geschichte betrachtet, wird man sehen, dass alle Erneuerer, auf welchem Gebiet auch immer, zunächst immer auf Unverständnis stießen und sogar verfolgt wurden. Diese Erneuerer hatten nicht den Willen, alles umzustürzen. Sie hatten sich keineswegs in den Kopf gesetzt, bestimmte Dinge zu zerstören, um neue zu bringen. Sie kamen, weil die Bedingungen für eine Veränderung günstig waren, weil die Mentalität sich weiterentwickelt hatte. Und das gilt auch für die Religion. Alle Religionen müssen sich weiterentwickeln, auch die christliche. Wenn sie sich weigert, sich auf harmonische Weise weiterzuentwickeln, muss sie diesen Prozess in anderer Form durchlaufen, wobei vieles zerrissen und zerbrochen wird.

Ich wiederhole daher, dass unsere Arbeit nicht darin besteht, eine neue Religion zu verkünden. Es gibt schon genug Religionen auf der Welt. Der wesentliche Punkt ist zu wissen, wie man arbeiten soll, um seinen Glauben zu stärken. Das ist es, worum wir uns kümmern. Deswegen bringen wir Methoden, d. h. eine bestimmte Einstellung, die man einnehmen soll, ein Programm, das es zu verwirklichen gilt. Wir haben nicht über grundlegende Wahrheiten zu diskutieren, die seit Jahrtausenden bekannt sind. Wir müssen nur wissen, wie wir arbeiten sollen, damit sie immer lebendig bleiben. In der wahren Religion müssen alle menschlichen Aktivitäten berücksichtigt werden. Jene, die unser physisches Leben betreffen, wie atmen, essen, gehen, schlafen, usw., genauso wie jene, die unsere Seele und unseren Geist betreffen. Und wir legen den Schwerpunkt auf die Arbeitsmethoden, damit kein Bereich aus der Religion ausgeklammert wird, denn der Mensch ist eine Einheit. Auf diese Grundlagen müssen wir unseren Glauben bauen.

VIII

UNSERE GÖTTLICHE ABSTIMMUNG

Wie viele Menschen meinen, sie würden für scharfsinnig, intelligent und vernünftig gelten, weil sie sagen: » Ich glaube nur an das, was ich sehe. Wenn es Gott gibt, braucht Er sich nur zu zeigen!« Wie können sie nur denken, dass sie damit ein Argument gefunden haben? Zu sagen, dass man nicht an Gott glaubt, weil man Ihn nicht sieht, das ist absurd. Würde man Ihn sehen, dann bräuchte man nicht glauben. Sagt man denn, dass man an die Existenz seiner Eltern, seiner Freunde oder der Welt um sich herum glaubt? Nein, man sieht sie und das genügt. Der Glaube hat von seiner Definition her die unsichtbare und nicht die sichtbare Welt zum Gegenstand. Aber all diese »vernünftigen« Leute denken nicht so weit, sie begnügen sich mit der Gewissheit, dass sie immer wieder auf andere Menschen treffen werden, die genauso »vernünftig« sind wie sie, die ihnen Recht geben und sich gemeinsam mit ihnen über all die naiven und geistig Minderbemittelten lustig machen, die sagen, dass sie an Gott glauben. Und diejenigen, die behaupten, an Gott zu glauben, was glauben sie wirklich?

Kürzlich haben mich Freunde aus Bulgarien besucht und mir folgende sehr amüsante Anekdote erzählt, die in den kommunistischen Ländern die Runde macht: Nach ihrer Rückkehr von einer Reise ins All werden die russischen Kosmonauten mit großem Pomp im Kreml empfangen, wo Breschnew sie beglückwünscht und in Gegenwart einer ganzen Versammlung von Ministern, Generälen usw. auszeichnet. Nach der Zeremonie nimmt er sie beiseite und fragt: » Ganz ehrlich, sagen Sie mir, haben Sie da oben Gott gesehen?« – »Ja« antworteten die Kosmonauten – »Ah! seufzt Breschnew, natürlich, das habe ich mir schon gedacht.« Dieselben Kosmonauten werden etwas später im Vatikan vom Papst empfangen. Auch dort wieder ein großes Zeremoniell vor den versammelten Kardinälen. Am Ende, nachdem alle sich zurückgezogen haben, nimmt der Papst die Kosmonauten beiseite und sagt: »Ich möchte Ihnen eine Frage stellen, die mich schon eine Weile beschäftigt. Im Laufe Ihrer Reise durch das All, sind Sie da Gott begegnet?« – »Nein«, antworten sie, »wir haben Ihn nicht getroffen.« Der Papst blickt etwas enttäuscht, schweigt für einige Zeit und murmelt schließlich: »Ach ja, ich hab's mir schon gedacht.«

Der Erfinder dieser Anekdote war ein guter Beobachter und Psychologe. Er hat verstanden, dass die Gläubigen und die Ungläubigen im Grunde in gleicher Weise unsicher sind. Die Ungläubigen warten, dass Gott kommt, um sich zu zeigen und die Gläubigen haben nicht verstanden, dass der Glaube nicht auf sichtbaren Beweisen begründet ist.

Mit Argumenten die Existenz Gottes beweisen zu wollen, ist ein sinnloses, fruchtloses Unterfangen. Auch ich kann euch durch logische Schlüsse einige Argumente bieten: »Ausgehend von der Tatsache, dass... weil... also...« Doch könnte ich euch auf die gleiche Weise beweisen, dass Er nicht existiert. Je mehr man beweisen will, dass Gott existiert, umso mehr läuft man Gefahr, die Menschen in Zweifel zu stürzen. Und wenn die Menschen nicht dazu bereit sind, zu akzeptieren, was ihr sagt, könnt ihr nichts machen. Ihr könnt sie in Stücke schneiden, sie verbrennen, sie in einem Kessel kochen; sie bleiben, was sie sind. Was auch immer ihr tut, ihr erreicht nichts, sie müssen sich selbst öffnen. Ihr könnt sie nicht öffnen.

Ihr werdet sagen: » Ja, aber all die Ungläubigen, die könnten doch nicht umhin, an all die großen Wahrheiten, die die Religion und die heiligen Schriften uns lehren, zu glauben, wenn jemand vor ihren Augen Wunder vollbringen würde.« Das glaubt nur ihr! Sie wären höchstens für einige Augenblicke beeindruckt wie bei einem Zauberkunststück, und dann würden sie alles wieder vergessen. Die Existenz Gottes beweisen zu wollen ist unnütz und ich werde meine Zeit nicht mit solchen Dingen vergeuden. Es ist meine Absicht, euer Bewusstsein auf ein Niveau zu führen, wo sich diese Frage gar nicht mehr stellt.

In Wahrheit kann man die Frage nach der Existenz Gottes nur mit einem Analogieschluss beantworten. Ihr habt einen Vater, der bei euch ist. Aber er kann sich entfernen, auf Reisen gehen und eines Tages verlässt er euch sogar für immer. Heißt das, dass es ihn nicht mehr gibt? Nein, selbst wenn er nicht mehr physisch anwesend ist, existiert er doch weiterhin. Ja, aber in euch. Weil er euer Vater ist, hat er in euch eine unauslöschliche Prägung hinterlassen. Physische oder psychische Wesensmerkmale, Talente, gute Eigenschaften... oder auch Fehler! Und genauso ist es auch mit Gott: Wir tragen Ihn in einer spirituellen Form in uns. Da Er uns erschaffen hat, hat Er uns mit Seiner Quintessenz durchdrungen und fluidische Spuren in uns hinterlassen, ein Netzwerk aus feinen Fäden, die uns mit Ihm verbinden und dank derer wir Ihn wiederfinden können. Daher kann man dem, der es zugelassen hat, dass sich sein inneres Sehvermögen so sehr verdunkelt hat und dessen spirituelle Fähigkeiten sich dermaßen verflüchtigt haben, dass er zu einem Punkt gelangt, wo er sagt: »Es gibt keinen Gott, denn wenn es Ihn gäbe, usw.« oder »Gott ist tot«, nichts antworten, außer Folgendes: Dass Gott dem Menschen auch die Möglichkeit eingeräumt hat, Ihn in seinem Inneren lebendig zu erhalten oder zu töten.

Wer meint, er könne Gott außerhalb von sich selbst finden, macht sich auf eine vergebliche Suche. Man muss also aufhören, an Gott in objektiver Weise zu denken, als wäre Er ein Wesen außerhalb von uns. Man muss auch aufhören sich vorzustellen, Er sei irgendwo da oben im Himmel, während wir hier sind, durch unermessliche Distanzen von Ihm getrennt. Da Gott uns erschaffen hat, ist Er in uns, so wie der Vater und die Mutter im Kind sind. Wenn wir unseren irdischen Vater und unsere irdische Mutter in uns tragen, dann tragen wir umso mehr unseren Himmlischen Vater und unsere Himmlische Mutter in uns. Solange die Menschen diese Einstellung zu den Dingen nicht akzeptieren, werden sie früher oder später an der Existenz Gottes zweifeln.

Gott hat uns das Leben gegeben und die Möglichkeit, uns durch Gedanken, Gefühle, Worte und Taten auszudrücken. Und jedes Mal, wenn wir einen inneren Drang zum Licht verspüren, jedes Mal, wenn uns Uneigennützigkeit, Güte oder Liebe inspirieren, jedes Mal, wenn wir das Bedürfnis haben, über uns selbst hinaus zu wachsen,

Opfer zu bringen, manifestiert sich die Gegenwart Gottes in uns. Versucht also, oft solche Erfahrungen zu machen und ihr werdet verstehen, was es bedeutet, an die Existenz Gottes zu glauben.

Ihr werdet fragen: »Aber ist denn kein Mensch jemals Gott begegnet?« Das hängt davon ab, was ihr »begegnen« nennt. Es gibt Menschen, die euch erzählen werden, dass Gott sie täglich besucht, mit ihnen spricht, sie berät, ihnen Aufträge anvertraut, usw. Auch hierauf gibt es nichts zu antworten, denn der Versuch, diese Leute von ihrer Einbildung abzubringen, ist sinnlos. Sie meinen, Gott interessiere sich für die kleinsten Details ihres täglichen Lebens oder Er käme zu ihnen, um ihnen eine weltweite oder sogar kosmische Mission anzuvertrauen. Gott zu begegnen... nur die wahren Mystiker konnten von solchen Begegnungen berichten. Sie haben Erfahrungen mitgebracht, die wirkliche Begegnungen waren, aber innere Begegnungen! Niemals ist jemand Gott physisch begegnet, und selbst wenn das möglich wäre, ist nicht gewiss, dass das viel bringen würde.

Gehen wir auch hier analog vor: Ihr geht hinaus auf die Straße und geht in verschiedene Geschäfte, wo ihr mit einer Anzahl von Menschen zusammentrefft. Man kann sagen, dass ihr ihnen begegnet und dass sie euch begegnen: Sie können euch beim Herumgehen anschauen und sehen, wie ihr vom einen Endes des Marktes zum anderen spaziert, Gemüse und Früchte auswählt. Aber glaubt ihr, dass sie euch auf diese Weise wirklich begegnet sind? Nein, nur weil sie euch gesehen haben, wissen sie noch nicht wirklich, wer ihr seid. Ihr wisst genau, dass ihr euch nicht auf eure physische Form beschränkt. Der, der wirklich »ihr« seid, wohnt in eurem Inneren. Das ist der, der denkt, liebt und wünscht. Aber genau dieses Wesen, das ihr seid, ist für die anderen nicht sichtbar und auch ihr selbst seht es nicht. Aber zweifelt ihr deshalb an seiner Existenz? Nein. Also bitte, ihr anerkennt, dass ihr euch selbst nicht sehen könnt, aber ihr wollt Gott sehen! Wie inkonsequent! Ihr werdet sagen: »Aber selbst wenn das nicht wirklich ich bin, so ist mein Körper doch ein Beweis dafür, dass es mich gibt. Man sieht ihn.« Aber auch den Körper Gottes sieht man: Es ist das ganze Universum mit all den Geschöpfen, die es bewohnen.

Also, macht euch nicht mehr dort auf die Suche nach Beweisen für die Existenz Gottes, wo ihr sie nicht finden werdet. Sucht Gott in euch selbst, und ihr werdet feststellen, dass Er immer da ist und euch niemals verlässt. Und wenn ihr Ihn nicht spürt, dann liegt das nicht daran, dass Er nicht da wäre, sondern daran, dass ihr Ihn verlassen habt. Ihr wart nicht aufmerksam, ihr wart unvernünftig, habt einige Fehler gemacht und so hat sich euer Bewusstsein verdunkelt und jetzt habt ihr Wahrnehmungen, die euch über das wahre

Wesen der Dinge täuschen. Der Herr ist immer da, nur ihr habt für den Moment bewirkt, dass eure Fähigkeit, Seine Gegenwart zu spüren, sich verflüchtigt hat. Tut daher euer Möglichstes, um sie wiederzufinden.

Es gibt Kinder, die niemals ihre Eltern gekannt haben, die nicht einmal wissen, wer sie sind. Dennoch zweifeln sie niemals daran, dass sie Eltern hatten, und manche verbringen ihr ganzes Leben damit, nach den kleinsten Zeichen ihrer Existenz zu suchen. Die Wahrheit ist, dass die Eltern in ihnen sind, in allem, was sie ihnen an Quintessenzen hinterlassen haben. Ob sie also physisch anwesend sind oder nicht, sie sind da, in ihrem Inneren. Kinder tragen ihre Eltern immer mit sich und in sich. Biologen und Psychologen erforschen bei Kindern die Auswirkungen der physischen und psychischen Vererbungsgesetze. Das ist sehr gut, aber nicht ausreichend. Wer erforscht denn unser spirituelles Erbe, all die göttlichen Keime, die wir von unserem Himmlischen Vater und unserer Himmlischen Mutter empfangen haben und die wir wachsen lassen müssen, bis wir so werden, wie Sie?

In der Genesis steht geschrieben, dass Gott am sechsten Tag, nachdem er die Erde von den Wassern getrennt und die Sonne, den Mond, die Sterne, die Pflanzen und die Tiere erschaffen hatte, sprach: »Lasset uns Menschen machen, ein Bild, das uns gleich sei...« (Gen. 1,26). Das Universum ist der Körper Gottes, ein Körper, den Er mit Seinem Geist belebt. Und genauso besitzt der Mensch einen Körper, der ein Abbild des Universums ist, und der Geist, der diesen Körper belebt, ist ein Funke, der aus dem göttlichen Geist hervorgegangen ist. Wenn ihr euch also fragt, wo Gott ist und ihr Ihn euch als einen Monarchen vorstellt, der weit weg, außerhalb eurer Sichtweite, an einem unerreichbaren Ort thront, der sich euren Blicken entzieht, im entferntesten Winkel des Himmels, dann ist klar, dass ihr Ihn niemals finden werdet. Gott ist ohne Zweifel das entfernteste, ungreifbarste Wesen, aber zugleich ist Er das Wesen, das uns am nächsten ist, denn Er ist in uns.

Es erfordert daher einiges an Arbeit, damit wir diese Anwesenheit spüren können und sie zu etwas Lebendigem machen können. Nichts ist kostbarer, als das Gefühl, dass der Herr in uns wohnt. Dann stellt man sich keine Fragen mehr, ob es Ihn gibt, egal, was passiert.

Seit so vielen Jahrhunderten sagen die Juden und die Christen immer wieder, dass Gott den Menschen nach Seinem Bilde erschaffen hat! Sie sagen das, ja, aber wann werden sie endlich begreifen, was das bedeutet?... Als Gott uns erschaffen hat, hat er eine Quintessenz von Sich Selbst in uns hineingelegt, vom selben Licht, von derselben Reinheit und derselben Macht. Diese göttliche Quintessenz in uns nennt die Einweihungswissenschaft unser Höheres Ich. Wenn wir uns also auf unser höheres Ich konzentrieren, verbinden wir uns mit Gott, denn unser höheres Ich ist ein Quäntchen von Ihm. Dank der Bemühungen, die wir unternehmen, um dieses Zentrum, diesen Gipfel in uns zu erreichen, lösen wir Kräfte aus, die alle Zellen unseres Körpers beleben. Und das ist die Antwort Gottes auf unsere Gebete, denn Gott unterscheidet sich nicht von unserem höheren Ich.

Wir können Gott, den kosmischen Geist nur in dem Maße erreichen, wie es uns gelingt, den Geist in uns, d. h. unser höheres Ich zu erreichen. Versteht also, dass ihr, wenn ihr zum Herrn betet, in Wirklichkeit versucht, den Gipfel eures eigenen Wesens zu erreichen. Und wenn ihr es schafft, löst ihr dabei eine derart reine und subtile Schwingung aus, die sehr günstige Umwandlungen bewirkt, wenn sie sich in euch ausbreitet. Und selbst, wenn ihr dieses Mal nicht das erreicht, worum ihr gebeten habt, so gewinnt ihr doch wenigstens einige sehr wertvolle Elemente hinzu. Der Nutzen eurer Bitte liegt darin, dass ihr versucht habt, den Gipfel in euch selbst zu erreichen und dass es euch gelungen ist, dort sehr weit und sehr hoch oben eine Kraft in Bewegung zu setzen, die auf ihrem Weg zu euch Klänge, Düfte und Farben erzeugt und euer ganzes Wesen regeneriert.

Anstatt euch zu fragen, wo der Herr ist und wie Er ist, arbeitet lieber an dieser Quintessenz von

Ihm, die Er in euch hinterlassen hat, sonst begebt ihr euch nur auf eine fruchtlose Suche. Manche Denker haben versucht, Gott zu definieren, indem sie sagten, Gott sei ein Kreis, dessen Mittelpunkt überall ist und die Kreislinie nirgends. Schön und gut, aber mit so wenig genauen Angaben, wie wollt ihr Ihn da finden? Da Er überall ist, begreift als Erstes und vor allem anderen, dass Er in euch ist. Ihr habt also ununterbrochen die Möglichkeit, Ihn zu treffen, mit Ihm zu sprechen und Ihm zuzuhören. Er wollte in die Geschöpfe einfließen. Er ist also ein Teil von euch, ihr könnt Ihn nicht verlieren. Wenn ihr Ihn verliert, dann nur deshalb, weil ihr euch noch nicht ausreichend bewusst wart, dass ihr Ihn besitzt.

So viele Menschen behaupten nur darum, dass sie nicht mehr an Gott glauben, weil sie sich mit dem begnügen, was man ihnen über Ihn gesagt hat und das, was man ihnen gesagt hat, ist für sie etwas rein Äußerliches geblieben , bloße Worte. Nur sind eben Worte, so wahrhaftig und tiefgehend sie auch sein mögen, immer etwas Äußerliches, und es besteht die Gefahr, dass sie eines Tages ihren Sinn verlieren. Nur der Mensch kann ihnen wirklich einen Sinn geben und diesen Sinn bewahren, und dafür muss er sie in sich aufnehmen, sie zu seinen eigenen machen.

Das, was ihr wirklich besitzt, könnt ihr nicht verlieren. Verlieren könnt ihr nur, was euch nicht gehört, d. h. was noch nicht Teil von euch selbst geworden ist. Einen Moment habt ihr Glauben, dann zweifelt ihr wieder, einen Moment habt ihr das Licht, dann tappt ihr wieder im Dunkeln, einen Moment liebt ihr und dann wieder nicht mehr. Das bedeutet, dass weder Glaube, noch Licht noch Liebe euch gehören. Damit sie euch gehören, müsst ihr selbst zu Glauben, Liebe und Licht werden. Als Jesus sagte: *»Ich bin das Licht der Welt« (Jh 8,12)*, identifizierte er sich mit dem Licht. Er sagte nicht, das Licht sei in ihm oder mit ihm, sondern dass er das Licht sei. In diesem Ausspruch steckt eine ganze Wissenschaft, über die man meditieren sollte, und die in allen Bereichen des inneren Lebens verwendet werden kann. Auf der physischen Ebene können wir viele Dinge verlieren, die uns gehören. Was aber in uns ist, vermischt mit uns, verschmolzen mit uns, was in uns Fleisch und Blut geworden ist, das können wir nicht mehr verlieren. Dann fragen wir uns nicht mehr, ob es Gott gibt. Wie könnten wir an dem zweifeln, was wir sind?

Der Glaube ist ganz tief in uns gegenwärtig. Gott hat ihn dort durch Seine Gegenwart hineingeschrieben. Man braucht ihn nur zu befreien, damit er sich manifestiert. Ein absoluter Glaube wohnt in uns, da der Schöpfer wollte, dass wir ewig mit Ihm verbunden sind. Wenn uns ein Meister oder ein Eingeweihter sagt: »Durchtrennt nicht eure Verbindung mit Gott«, dann ist das nur ein Versuch, etwas in Worte zu fassen. In Wahrheit können wir die Verbindung, die uns mit Gott vereint, nicht durchtrennen, denn wir sind von derselben Natur wie Er. Nur in unserem Bewusstsein kann etwas abgetrennt werden, denn unser Bewusstsein kann eingeschränkt oder verdunkelt sein. Unser wahres Ich hingegen ist niemals entfernt von Gott, denn Gott ist in uns, so wie auch wir in Ihm sind.

Jetzt werdet ihr fragen: »Aber wenn wir und Er von gleicher Natur sind, wie kommt es dann, dass wir uns vom Schöpfer verschieden fühlen?« Das liegt daran, dass wir, als wir in die Materie hinabgestiegen sind, zu vielen undurchlässigen Elementen gestattet haben, sich zwischen unseren Geist und unser gewöhnliches Bewusstsein zu stellen. Die Geschichte des Menschen ist eine sehr lange, und um sie zu verstehen müssen wir nochmals auf den Anfang der Genesis zurückkommen. Dort heißt es: *»Am Anfang schuf Gott Himmel und Erde. Und die Erde war wüst und leer, und es war finster auf der Tiefe; und der Geist Gottes schwebte auf dem Wasser. Und Gott sprach: Es werde Licht!«* Und ab hier beginnt die Schöpfung.

Das Universum ist vor der Schöpfung also ein chaotischer und finsterer Raum, wie es die Worte »formlos, leer, Finsternis« und »Abgrund« andeuten... Aber über diesem Chaos schwebt der Geist Gottes. Ich habe euch schon erklärt, dass das Wasser das Symbol für die Urmaterie darstellt, die vom Feuer, vom göttlichen Geist, befruchtet wird, um all seinen Reichtum zum Vorschein zu bringen. Der Geist arbeitet an der Materie, indem er sie befruchtet, und durch das Erscheinen neuer Schöpfungen entdeckt er seine Kräfte und hat die Möglichkeit, sich zu erkennen. Also, wenn ihr mich fragt, warum Gott das Universum erschaffen hat, dann antworte ich euch: »Um Sich Selbst zu erkennen«... Die Kabbala lehrt, dass Gott sich durch Sein Spiegelbild erkennen möchte. Sie stellt diesen Gedanken bildhaft als eine Wasserfläche dar, in der sich das Angesicht Gottes widerspiegelt. Da bleibt natürlich die Frage: »Warum will Gott sich durch die Materie hindurch erkennen?« Aber das ist eben das Mysterium.

Gott will sich also durch die Materie hindurch erkennen. Deshalb hat Er Sonnen, Planeten, Steine, Pflanzen, Tiere... und auch die Menschen erschaffen. Und weil der Mensch nach dem Bild Gottes erschaffen ist, will auch er sich durch die Materie hindurch selbst erkennen. Sein Geist ist eingetaucht in die Materie (in seinen Körper, der eine Zusammenfassung des Universums darstellt) und er möchte sich durch diese Materie erkennen. Doch er wird sich erst nach vielen Jahrtausenden wirklich erkennen können, wenn er diese Materie durch seine Arbeit so subtil und transparent gemacht hat, dass er sich durch sie hindurch sehen kann. Bis dahin kann sich der Geist nicht erkennen, es ist, als sei er von sich selbst entfernt, verloren in der Dichte der Materie.

Auf unserem schwierigen Weg durch die Materie kann allein der Glaube uns retten, der Glaube an unseren göttlichen Ursprung, das Wissen, dass wir auf der Erde sind, um ein einziges Ziel zu erreichen: Uns als Geist zu erkennen, damit wir das Licht und die Kraft des Geistes zum Ausdruck bringen. Dieses Licht und diese Kraft sind bereits in uns, sie sind immer in uns, und manchmal, unter ganz besonderen Umständen, spüren wir, dass sie zum Durchbruch kommen. Wir meinen, sie seien plötzlich zu uns gekommen, man weiß nicht von woher. Nein, wir hatten sie bereits in uns, aber in jenem konkreten Augenblick ist es uns gelungen, dass unser Geist sich durch die Materie manifestieren konnte.

Unser Geist ist allwissend und allmächtig wie Gott. Er lebt in einem unendlichen, ewigen Licht, nur ist unser Gehirn nicht in der Lage, uns dieses ohne Unterbrechung zu übermitteln. Warum? Weil die Fähigkeit unseres Gehirns, uns das Licht, das Wissen und die Kraft des Geistes zu übermitteln, in Beziehung steht mit allen Aspekten unseres physischen und psychischen Seins. Macht einmal folgendes Experiment: Versucht vom Aufwachen am Morgen bis zum Einschlafen am Abend, euch aller Abläufe bewusst zu werden, die bewirken, dass ihr am Leben seid. All diese physikalischen, physiologischen, emotionalen und mentalen Vorgänge, die man nicht einmal aufzählen kann, weil sie so zahlreich sind, dienen euch dazu, um mit der Materie in Verbindung zu treten, um eine Arbeit in der Materie zu verrichten. Und wenn ihr lernt, euch selbst zu beobachten, damit diese Vorgänge unter den besten Bedingungen in Bezug auf Reinheit und Harmonie ablaufen, dann verbessert ihr die Funktionsweise eures Gehirns, das nach und nach zum Vermittler der Kräfte des Geistes wird. Auf diese Wahrheit müsst ihr euren Glauben gründen. So werdet ihr unbesiegbar, ihr werdet verstehen, dass nichts euch bedrücken, schwächen noch zerstören kann.

Durch unseren Geist, unser höheres Ich, sind wir bei Gott, in Gott und durch ihn können wir unsere niedere Natur zähmen. Oben sind wir bereits frei und im Licht, aber wir sollten es auch unten sein. Die Verbindungen zwischen oben und unten, zwischen Geist und Materie wurden in den Einweihungsstätten der Vergangenheit studiert und erforscht und in verschiedener Weise symbolisch dargestellt.

Eines dieser Symbole ist die Schlange, die ihren eigenen Schwanz verschluckt. Der Kopf der Schlange steht für unser höheres Ich, ihr Schwanz für unser niederes Ich.

Mit diesem Symbol wollten die Eingeweihten

sagen: »Ihr seid in Gott, in seinem Licht, und gleichzeitig seid ihr außerhalb von Ihm in der Finsternis.« Doch Kopf und Schwanz sind Teil desselben Geschöpfes, der Schlange, sie sind also nicht voneinander getrennt. Und dass die Schlange ihren Schwanz verschlingt, bedeutet, dass unser Geist, unsere höhere Natur eine Arbeit an unserer Materie, an unserer niederen Natur verrichtet. Sie muss die Herrschaft über unsere Materie haben, damit zwischen diesen beiden in uns kein Widerspruch mehr besteht.

Diese Idee ist auch in der vierzehnten Karte des Tarot dargestellt »la Tempérance« (die Mäßigkeit). Die Karte zeigt einen Engel, der in jeder Hand einen Krug hält. In den Krug in seiner rechten Hand gießt er den Inhalt des Kruges, den er in seiner linken Hand hält. Das Wasser, das der Engel da umfüllt, ist das Leben, der Strom des göttlichen Lebens. Wenn er unterbrochen wird, gibt es keinen Austausch mehr und der Mensch macht keine Fortschritte; er erreicht niemals die Vollkommenheit. Der Engel steht für uns selbst, ja, für uns. Wir sind dieser Engel, der die Möglichkeit hat, mit den beiden Gefäßen zu arbeiten. Es hängt von uns ab, dass die göttliche Welt, der Geist, herabsteigt, um unten die Materie zu beseelen, zu erhöhen und zu beleben. Dieses Herabsteigen bereiten wir vor, wenn wir uns bemühen, uns durch Gebet und Meditation zu erheben, denn diese Bewegung von oben nach unten kann nur dann stattfinden, wenn zuvor eine Bewegung von unten nach oben erfolgt ist.

Der Geist kann nur dann herabsteigen, wenn wir eine umfassende Vorbereitungsarbeit leisten, um ihm dafür die Möglichkeit zu geben. Wir müssen lernen, jeden Tag mit Hilfe des Gebetes und der Meditation diese Flüssigkeit, diese himmlische Quintessenz fließen zu lassen, um damit unser ganzes Wesen zu erfüllen.

Ein anderes Symbol für diese Arbeit, die es zu

tun gibt, ist das Salomonsiegel. Das Salomonsiegel ist eine Figur, die aus zwei gleichseitigen, ineinander geschobenen Dreiecken gebildet wird. Das nach oben gerichtete Dreieck steht für den Menschen, der durch seine spirituelle Arbeit zur göttlichen Welt hinstrebt. Das Dreieck, dessen Spitze nach unten zeigt, steht für das Herabsteigen der göttlichen Welt, die den Menschen mit ihrem Licht durchdringen möchte. Der Kreislauf der Energien von einer Welt zur anderen wird dadurch dargestellt, dass sich die beiden Dreiecke nicht bloß überkreuzen, sondern auch miteinander kommunizieren. Die Einheit ist die Wahrheit der Schöpfung. Deshalb müssen Materie und Geist eins werden, dank des Austausches, den die beiden miteinander pflegen. Oben und unten, das Höhere und das Niedere müssen eine Einheit bilden und in dieser Vereinigung bereichern sich beide ständig jeweils durch den anderen. Das Niedere wird vom Höheren aufgenommen und zugleich wird es zum materiellen Behältnis für das Höhere.

Seit Jahrhunderten und Jahrtausenden haben die Eingeweihten ihren Schülern dieselbe Wahrheit gelehrt, aber entsprechend dem jeweiligen Volk und der jeweiligen Zivilisation hat ihre Lehre unterschiedliche Formen angenommen. Und selbst wenn diese sogenannte esoterische oder Einweihungslehre nur einigen wenigen offenbart wurde, erinnern doch alle Religionen den Menschen an seinen göttlichen Ursprung und geben ihm Methoden, um mit der Gottheit zu verschmelzen. Nur sind die Religionen eine Sache, ihre Vertreter eine andere. Wie viele unter ihnen kümmern sich wirklich darum, den Menschen zu helfen, sich ihres Ursprungs bewusst zu werden und ihnen Mittel zu geben, um die Gottheit in sich selbst wieder zu entdecken? Das ist der Grund, warum man – trotz all der heiligen Schriften, die an Erhabenheit und Schönheit nicht übertroffen werden können – überall so viele Menschen sieht, die auf den falschen Weg geraten und zur Beute der finsteren Kräfte werden, die ihr niederes Ich bewohnen. Angesichts dieses Chaos kommt man natürlich zu dem Schluss, dass es Gott nicht gibt.

Wenn so viele »Gläubige« eines Tages zugeben müssen, dass sie keinen Glauben mehr haben oder sogar, dass sie nie einen hatten, dann deswegen, weil man ihnen niemals erklärt hat, dass der Glaube mit dem Erkennen des menschlichen Wesens beginnt und mit der Arbeit, die man an sich selbst verrichten muss. Wer wirklich mit dieser Arbeit begonnen hat, stellt sich keine Fragen mehr über die Existenz Gottes, denn er spürt, dass er mit dieser Existenz verbunden ist, dass er ein Teil davon ist. Er kann also die Existenz Gottes genauso wenig leugnen wie er seine eigene leugnen kann. Wie viele Menschen meinen, dass es die Unwissenden sind, die am meisten von den Kenntnissen der Wissenden beeindruckt sein werden oder dass die Bösen beeindruckt sein werden von den Tugenden der Guten. Das ist ganz und gar nicht so! Wenn ihr wissen wollt, wo die Menschen in ihrer Entwicklung stehen, dann beobachtet, ob sie in der Lage sind, den Wert und die Qualitäten der anderen zu schätzen. Wenn sie es nicht sind, so liegt das daran, dass sie selbst nicht viel wert sind. Ebenso muss man gute Eigenschaften zunächst selbst haben, um sie bei anderen erkennen zu können. Dasselbe gilt, wenn man die Existenz dieses größten Wesens aller Wesen mit Seiner Weisheit, Seiner Vollkommenheit und Seiner Herrlichkeit erkennen will, dann muss man auch schon etwas von dieser Vollkommenheit in sich selbst entwickelt haben. Wir können nur das entdecken, was dem entspricht, was wir sind.

Wenn ich euch das darlege, folge ich damit nur dem Gedanken Jesu, der sagte: *»Ich und der Vater sind eins« (Jh 10,30)* oder der die Schriftgelehrten und Pharisäer an einen Vers der Psalmen erinnerte: *»Ihr seid Götter« (Ps 82,6 und Jh 10,34).* Das ist in Wahrheit die christliche Religion. Wenn ihr das nicht akzeptiert, werdet ihr niemals die Lösung zu den scheinbaren Wiedersprüchen in den Schriften finden, ihr werdet ihre Bedeutung nicht ergründen und es wird euch nicht gelingen »Kopf und Schwanz miteinander zu verbinden.«

Wir setzen uns ein Ziel, und um dieses Ziel zu erreichen, müssen wir einen bestimmten Weg gehen und bestimmte Methoden anwenden. Aber in Wirklichkeit sind das Ziel und die Methode ein und dieselbe Sache. Wenn Jesus sagte: *»Ich bin der Weg und die Wahrheit und das Leben« (Jh 14,6),* so fühlte er sich eins mit dem Weg. Er ging auf dem Weg und er war der Weg. Und wer Jesus, der auf diesem Weg geht, nachfolgt, muss selbst auch zum Weg werden: Er denkt an Gott, geht auf Gott zu und muss Gott Selbst werden, d. h. er muss sich mit dem Ziel, das er anstrebt, identifizieren. So wird das Ziel zur Methode. Und die Methode, das sind all die Übungen, die es uns ermöglichen, Fortschritte zu machen, um eines Tages mit Gott verschmelzen zu können.

IX

DER BEWEIS FÜR DIE EXISTENZ GOTTES IST IN UNS

Man hat mich einmal gefragt: »Glauben sie an Gott?« »Nein«, sagte ich, »ich glaube nicht an Gott.« Wozu glauben? Was heißt das, an Gott glauben? Man muss mit Ihm kommunizieren, man muss Ihn berühren, man muss Ihn spüren. Dann braucht man nicht einmal mehr zu glauben. Man erlebt es. Zu glauben setzt voraus, dass der Gegenstand dieser Glaubensüberzeugung sich sehr weit weg befindet, dass man ihn niemals gespürt und kennen gelernt hat, und daher glaubt man, aber man weiß nicht so recht warum man glaubt, und nicht einmal woran.

In den Augen mancher Menschen ist der Glaube an Gott etwas Schwaches, Unbestimmtes. Glauben ist etwas für jene, die noch niemals auch nur das Geringste empfunden haben. Jemand sagt: »Ich glaube«, aber das ist sehr wenig, man muss einen Schritt weiter gehen. Auch die Atheisten glauben an etwas, sie sind auf ihre Weise gläubig, denn sie glauben, dass es Gott nicht gibt. Auch das ist eine Art Glaube, aber ein Glaube, der ihnen nichts bringt, denn man kann sich nicht von etwas ernähren, das nicht existiert. Die Existenz Gottes zu bezweifeln, ist keine Wirklichkeit. Es ist eine Nicht-Existenz und diese Nicht-Existenz kann man nicht kosten. Hingegen ist es möglich, die Wirklichkeit, dass es Gott gibt, zu kosten; und nicht nur, sie zu kosten, sondern sie auch zu leben.

Ob wir nun gläubig oder ungläubig sind, wir existieren in Gott und Gott lebt in uns. Der Unterschied besteht darin, dass die einen sich dessen bewusst sind und die anderen nicht. Der Ungläubige häuft in seinem Inneren ständig neue Schichten an, bis er überhaupt nichts mehr spürt. Und da das, was man nicht spürt, auch nicht existiert, sagt er schließlich: »Es gibt keinen Gott.« Und das stimmt absolut. Unter diesen Umständen gibt es Ihn nicht. Für denjenigen hingegen, der glaubt, existiert Gott. Nur ist dieser Glaube meistens noch nicht ganz bewusst. Damit er es wird, muss man soweit kommen, dass man spürt, dass Gott in uns lebt und dass wir so sehr in Gott leben, dass wir mit Ihm eine absolut unzertrennliche Einheit bilden. Von da an kann uns nichts mehr in Zweifel stürzen, denn dann leben wir ohne Unterlass das göttliche Leben, sind darin eingetaucht und werden von ihm durchströmt.

Es hängt vom Menschen ab, ob Wesen und Dinge für ihn existieren oder nicht. Jemand schläft. Selbst, wenn alle Schätze der Welt um ihn herum aufgetürmt sind, ist er sich dessen nicht bewusst, weil er eben schläft, und dann ist das so, als ob nichts um ihn herum da wäre. Man kann sagen, dass die Mehrheit der Menschen auf vergleichbare Weise den Schlaf der Unbewusstheit schlafen. Die Eingeweihten hingegen, die wahrhaft erwachte Menschen sind, sehen die Herrlichkeit, die sie umgibt und sind voller Bewunderung dafür. Die anderen haben dieselben Reichtümer um sich herum und in ihrem Inneren, aber sie nehmen sie nicht wahr. Alles hängt also vom Bewusstseinszustand ab. Wenn man erwacht ist, werden bestimmte Dinge zur Realität. Dann schläft man ein, und sie entschwinden uns. Genauso ist es mit Gott. Wer schläft, spürt ihn nicht und schließt daraus, dass es Ihn nicht gibt. Dieses Bild vom Schlaf ist sehr lehrreich.

Forscher, die sich mit dem Thema Schlaf beschäftigt haben, haben entdeckt, dass er aus mehreren Stadien, aus mehreren Phasen besteht. Und genauso gibt es auf der psychischen und der geistigen Ebene mehrere Arten von Schlaf oder Wachheit, d. h. mehrere Bewusstseinsniveaus. Es ist also unsere Aufgabe zu erwachen. In der christlichen Überlieferung ist davon die Rede, dass wir neu geboren werden müssen. Wozu nochmals geboren werden? Diese Worte wählte Jesus, als er mit Nikodemus sprach: *»Wahrlich, wahrlich ich* *sage dir, es sei denn, dass jemand von neuem geboren werde, so kann er das Reich Gottes nicht sehen« (Jh 3,3).* Doch in Wahrheit ist diese neue Geburt, so wie auch das Erwachen, ein fortlaufender Vorgang: Jeder Fortschritt auf dem Weg des Lichtes und der Wahrheit ist eine neue Geburt, ein neues Erwachen. Erwacht sein! Ja! Das ist auch die Bedeutung des Namens »Buddha«: Der Erwachte.

Welche Anstrengungen die Theologen oder Philosophen auch immer unternehmen mögen, um die Existenz Gottes zu beweisen, selbst wenn ihre Argumente interessant sind, so ist der Beweis dennoch unmöglich. Zur Not kann man den Ungläubigen noch sagen, dass der beste Beweis für die Existenz Gottes die Tatsache ist, dass er selbst existiert und auch die Welt um ihn herum. Aber auch in diesem Fall werden euch die verschiedensten höchst gelehrten Leute antworten, dass der Mensch, genauso wie das Universum, ein reines Zufallsprodukt ist. Es gibt also einen Gott, einen Schöpfer, und der heißt Zufall! Also auf diese Entdeckung brauchen sie nicht stolz zu sein! In Wahrheit schlafen sie! Und weil sie schlafen, können sie die Reichtümer und die Herrlichkeit, die sie umgibt, nicht schätzen. Und noch schlimmer ist, dass sie all das, was sie besitzen, nicht sehen: Die Begabungen, Talente, Fähigkeiten, Kräfte, die in ihnen ein Ausdruck des Göttlichen sind. Der Schlaf ist eine Art Blindheit, bei der die Augen, die geistigen Augen, geschlossen sind.

Das Verlangen nach Höherem im Menschen ist ein Ausdruck des Göttlichen. Durch ihr Streben nach Höherem und durch ihre Handlungen, mit denen sie anderen Gutes tun, legen die Menschen Zeugnis ab von der Existenz Gottes. Je mehr sich ihr Bewusstsein erweitert, umso mehr werden sie Wahrnehmungen anderer Art haben, so als wäre es ein anderes Leben, das Leben des erhabenen Wesens, das in sie einströmt und dessen Gegenwart immer mehr Raum in ihnen einnimmt. Indem sie diese Gegenwart immer intensiver erfahren, verschmelzen sie nach und nach mit ihr, bis sie einmal der Gottheit gleichen.

Den größten Beweis für die Existenz Gottes finden wir in uns selbst. Denn in uns hat der Schöpfer Seine Samen gelegt. Und ein Same ist dazu bestimmt, zu keimen und zu wachsen, bis er zu einem Baum wird. Erinnert euch an das Gleichnis vom Senfkorn. Ihr sollt wissen, dass ihr alle Samenkörner seid, das heißt, potenzielle Gottheiten. Durch eure Arbeit, durch eine höhere Handlungsweise, werdet ihr wirklich zu Gottheiten. Sonst bleibt ihr Samenkörner, bestenfalls Wurzeln, habt aber keinesfalls Zweige, Blätter oder Blüten und schon gar keine Früchte!

Nur das, was ihr seid, kann euch die Existenz Gottes beweisen. Aber Vorsicht! Dieser Beweis gilt nur für euch. Selbst wenn ihr zu einer Gottheit werdet, könnt ihr den anderen die Existenz Gottes nur beweisen, wenn sie sich selbst bis zu einem Bewusstseinszustand erheben, wo sie so strahlend sein werden, dass sie nicht anders können als zu denken: »Was ich hier entdecke ist so schön, so lichtvoll, das muss das Göttliche sein!«

Manche werden einwenden: »Aber man hat über Gott nie so zu uns gesprochen. Was man uns gesagt hat, war dermaßen oberflächlich, kindlich, ja sogar lächerlich, dass wir nicht daran glauben konnten, und so haben wir den Glauben verloren.« Wer zwang euch denn dazu, dieses Bild Gottes so zu akzeptieren, wie man es euch vorgezeichnet hat? Warum akzeptiert ihr es, euch etwas Wesentliches für euer Dasein zu versagen, unter dem Vorwand, man sei nicht in der Lage gewesen, euch Gott mit den richtigen Worten nahe zu bringen? Warum haben die Menschen es nötig, dass man ihnen von dieser Gegenwart in ihrem Inneren und in allen Lebewesen erzählt, von etwas, von jemandem, der unendlich weit, lichtvoll, schön, mächtig und voller Liebe ist, mit dem sie in Kontakt bleiben müssen, um ihrem Leben ein Fundament und eine Ausrichtung zu geben? Wenn sie das nicht spüren, so ganz einfach deshalb, weil sie schlafen.

Wie kann man nun die Menschen aus diesem bleiernen Schlaf wecken? Um dies zu verstehen genügt es auch hier, den psychischen mit dem physischen Schlaf zu vergleichen. Auf der physischen Ebene gibt es einen bleiernen Schlaf, weil der Mensch z. B. eine zu große Menge an Giftstoffen angesammelt hat oder weil er seinen Organismus durch eine ungeordnete Lebensweise geschwächt hat. Er braucht daher sehr viel Zeit, um sich zu erholen, und wenn er erwacht, ist er noch immer halb schlafend und schleppt sich herum. Das Gleiche gilt auch, wenn er zu viele Unreinheiten in seinem Herzen und seinem Intellekt anhäuft, wenn er seine Energien für seine Begierden verbraucht, auch dann bleibt er für lange Zeit in einer Art Erschöpfungszustand. Und dieser psychische Erschöpfungszustand hindert ihn daran, die Gegenwart Gottes in sich zu spüren.

Nichts ist wirklicher und wahrhaftiger als die Existenz Gottes. Dass man sie nicht beweisen kann, ist sogar ein Argument, das dafür spricht! Wäre Gott so, wie wir Ihn uns wünschen, sodass wir Ihn sehen und berühren könnten, dann wäre er begrenzt. Er wäre nicht mehr Gott. Es sollte uns genügen, Seine Existenz zu spüren, ohne dafür Beweise zu verlangen über unsere fünf Sinne, deren Möglichkeiten so begrenzt und unzureichend sind.

Was immer man euch auch erzählen mag, welche Philosophien auch immer in der Welt im Umlauf sein mögen, haltet an der Idee fest, dass ihr die Gottheit nirgendwo anders als in euch selbst finden könnt. Sucht nach Ihr, denkt an Sie, liebt Sie und betet Sie an, denn so werdet ihr besonders mächtige Energien aufnehmen, die es euch ermöglichen, fest und sicher auf allen Wegen eures Lebens voranzuschreiten. Die Christen singen in einem Psalm: *»Der Herr ist mein Hirte, mir wird nichts mangeln. Er weidet mich auf einer grünen Aue und führet mich zum frischen Wasser« (Ps 23,1-2).* Doch diese Worte sprechen sie mechanisch und automatisch, ohne sich dessen bewusst zu sein, dass es sich um magische Worte handelt. Dieser Hirte ist in ihnen, und weil er in ihnen ist, erstreckt sich seine Macht und sein Schutz auf die ganze riesige Herde – seine Zellen –, die er ernährt und hegt. Nichts ist wichtiger als das Bewusstsein von der Gegenwart Gottes in uns. Dank dieser Gegenwart und dank des Gedankens an diese Gegenwart, ordnet, beruhigt, regelt, und harmonisiert sich alles und kommt ins Gleichgewicht. Und selbst wenn ihr nicht sofort sichtbare Ergebnisse erzielt, macht das nichts aus. Ihr habt zumindest schon das Wesentliche erreicht: Ihr marschiert auf dem richtigen Weg voran.

Warum ist der Mensch schwach? Warum ist der Mensch unglücklich? Weil er alles außerhalb von sich selbst sucht, sogar Gott. Doch Gott ist in uns, wir können uns von Ihm nicht trennen. Wir können höchstens dunkle Wände, undurchsichtige Schichten zwischen Ihm und uns aufbauen. Auch wenn die Sonne von Wolken verhüllt ist, ist sie nicht verschwunden, sie verbreitet weiterhin ihr Licht und ihre Wärme. Wenn sich die Wolken dann endlich auflösen oder wenn wir uns höher in die Atmosphäre erheben können, bemerken wir, dass sie noch immer da ist. Dasselbe Phänomen spielt sich in uns ab: So wie die Sonne ist auch Gott immer da, gegenwärtig, unwandelbar und schickt uns das Licht Seiner Weisheit und die Wärme Seiner Liebe. Aber wenn wir natürlich zulassen, dass sich durch unharmonische, egoistische und böswillige Gedanken, Gefühle und Wünsche Wolken in uns bilden, dann können wir dieses Licht und diese Wärme nicht empfangen. Aber anstatt zu verstehen, dass sie schuld sind und alles zu tun, es wieder in Ordnung zu bringen, beschweren sich die Menschen, dass es Gott nicht gibt oder Er sie verlassen hat.

Selbst unter den Gläubigen und Mystikern haben sich viele in bestimmten Phasen von Gott verlassen gefühlt. Als ob sich Seine Haltung uns gegenüber verändern würde! Aber ja, Gott verändert sich, nicht wahr? Wir, wir sind beständig und unwandelbar in unserem Glauben, treu in unserer Liebe, nur Gott ist launenhaft! In den heiligen Schriften wird Gott als der »Treue« und »Wahrhaftige« bezeichnet, und obwohl die Menschen diese Worte nachplappern, fragen sie sich ständig, warum Gott sich nicht um sie kümmert, sie nicht erhört und warum Er sie verlässt. Doch es ist nicht Gott, der uns verlässt. Wir sind es, die Ihn verlassen! Auf welche Weise? Anstatt über die Wolken hinaufzusteigen, begeben wir uns darunter. Unter der Wolkenschicht ist es natürlich dunkel und kalt. Man hätte oberhalb der Wolken bleiben sollen, dort, wo es weder Kälte noch Dunkelheit gibt, denn dort ist Gott, und dort können auch wir in Ihm sein und Er in uns.

Ihr habt vielleicht noch niemals eine Ballonfahrt gemacht, aber ihr wisst, was es dem Ballon ermöglicht, sich in den Himmel zu erheben: Es ist die Wärme, die durch die Verbrennung eines Gases entsteht, die den Ballon füllt und ihn leichter macht als die Luft. Auch auf der spirituellen Ebene muss man leicht und weit werden, um sich emporheben zu können, und um weit zu werden, muss man etwas in sich erwärmen. Mit der Wärme der Liebe, die das Herz erfüllt, wird man so leicht, dass man aufsteigt wie ein Ballon! Ihr seht, dass es nützlicher ist, das Buch der Natur lesen zu können als Bücher über Theologie. Es wird euch lehren, dass ihr euch zusammenzieht und schwerer werdet als die Luft, wenn ihr abkühlt, und dann absinkt. Und wenn ihr dann am Boden seid, sagt ihr euch natürlich, dass es nicht der Mühe wert war, zu glauben, da Gott euch verlassen hat. Aber wärmt euer Herz, erfüllt es mit Liebe, und ihr werdet euch wieder über dic Wolken erheben, um die

Sonne, den Herrn, wieder zu sehen.

So wie die Sonne gibt uns auch Gott allen Segen, doch wenn wir Ihm unser Herz verschließen, können wir diesen nicht empfangen. In Wirklichkeit braucht Gott unsere Liebe nicht, doch Er hat den Menschen so konstruiert, dass dieser darauf angewiesen ist, Ihn zu lieben, d. h. sich zu öffnen, damit Er ihn durchdringen kann. Wenn er sich nicht öffnet oder wenn er es vorzieht, unter den Wolken zu bleiben, steht ihm das natürlich frei. Gott lässt ihm seine Freiheit. Ihr werdet sagten: »Aber Er ist verärgert und bestraft ihn.« Das bildet ihr euch ein! Gott hat wohl andere Dinge zu tun, als die Menschen zu belohnen oder zu bestrafen. Sie selbst sind es, die durch ihre gute oder schlechte Einstellung in ihrem Herzen und ihrer Seele harmonische oder disharmonische Zustände auslösen, die ihnen dann den Eindruck vermitteln, dass Gott sie schützt und ihnen wohlgesonnen ist oder dass Er sie verlässt und bestraft.

Gott ist so groß, dass Er von den Irrtümern und Boshaftigkeiten der Menschen nicht betroffen ist. Er ist unwandelbar, Er verändert sich nicht je nach der Einstellung der Menschen. Wenn ihr also unruhig und irritiert seid und nur noch Leere in euch fühlt, weil ihr schlecht gehandelt habt, dann sagt nicht, Gott habe sich von euch entfernt. Es liegt an euch, Anstrengungen zu unternehmen, um Ihm näher zu kommen. Wenn ihr sie auf euch nehmt, werdet ihr Erfolg haben und feststellen, dass er weder rachsüchtig noch nachtragend ist, so wie man Ihn darstellen wollte. Macht euch also die Mühe, eure Fehler wieder gut zu machen und wartet nicht darauf zu spüren, dass Gott euch vergibt. Er hat euch nicht verdammt, daher hat er auch keinen Grund, euch zu vergeben. Es bringt nichts, sich auf die Brust zu klopfen und zu sagen: »Ich bin ein Sünder – ich bin ein Sünder...« Da ihr selbst die Wolken erzeugt habt, die euch das Licht Gottes nehmen, liegt es auch an euch, sie wieder aufzulösen. Alles hängt von euch, von eurer Einstellung ab. Wozu ist all der Fortschritt in der Psychologie gut, wenn der Mensch nicht in der Lage ist, diese so wesentlichen Phänomene zu verstehen und zu beherrschen, die sich in ihm abspielen?

Die Vorstellung, dass Gott sich uns nähert oder sich von uns entfernt, untergräbt unseren Fortschritt. Ihr sagt euch: »Gott hat sich zurückgezogen, aber ich werde darauf warten, dass Er sich mir wieder zuwendet.« Gut, da könnt ihr Jahrhunderte lang warten. Es liegt an euch, euch sofort an die Arbeit zu machen, um diesen Zustand zu ändern. Wenn ihr darauf wartet, dass die Veränderungen von Gott kommen und ihr euch damit zufrieden gebt, Ihn zu Seinem verirrten Kind zu Hilfe zu rufen, anstatt selbst zu handeln, dann macht ihr euch nur Illusionen, die dazu beitragen, euer innerliches Unbehagen zu verlängern. Da ihr die Ursache für euer Unglück seid, korrigiert also eure Fehler. Das ist die wahre Reue, die euch zu Ihm zurückführt. Zu sagen, dass Gott uns vergibt, ist eine Illusion. Es wird uns nur dann vergeben, wenn wir wiedergutmachen. Ihr seht, man muss sich von vielen falschen Vorstellungen lösen, die von den Religionen selbst genährt wurden und arbeiten, sich in allen Lebenslagen über die Wolken zu erheben, um die Gottheit wiederzufinden, die in uns ist.

X

DIE IDENTIFIKATION MIT GOTT

Wenigstens einmal in eurem Leben habt ihr ohne Zweifel diese Erfahrung gemacht: Ihr habt einem Freund oder einem Fremden zugehört, der euch über sich, seinen Kummer, seine offenen Fragen und seine Hoffnungen erzählt hat. Ihr wart aufmerksam, ihr seid seinen Schilderungen gefolgt und habt dementsprechend Inhalt, Sympathie, Erstaunen, Beunruhigung, Mitleid oder freudige Verwunderung gefühlt. Doch was er sagte, habt ihr trotzdem als außerhalb von euch selbst empfunden. Und dann, plötzlich hattet ihr das Gefühl, dass ihr in ihm wart – oder dass er in euch war – und im selben Augenblick wusstet ihr, dass ihr ihn versteht, dass ihr ihn wirklich kennt.

Im Allgemeinen sind das Erfahrungen, die man ohne es gezielt zu wollen macht. Aber da sie möglich sind, kann man sie auch willentlich tun, als Identifikationsübung: Sich identifizieren mit Menschen, die wir lieben, die wir bewundern, aber auch mit bestimmten Phänomenen in der Natur, mit einem Fluss, einem Wasserfall, einer Quelle, einem Stern, dem blauen Himmel und sogar mit der Sonne. Ja, die Sonne zu betrachten und in der Lage zu sein, in sie einzutreten, indem wir uns vorstellen, dass wir selbst die Sonne sind. Ihr wisst noch nicht, welche Verwandlungen ihr in euch vorbereitet, wenn ihr in euer Herz und in eure Seele die Schwingungen der Sonne, ihre Energien und ihr Leben einbringt. Wenn ihr wiederholt solche Übungen macht, wird es euch eines Tages gelingen, euch mit der Gottheit zu identifizieren.

Wir können uns auf diese Weise mit Menschen und Dingen identifizieren, weil wir tatsächlich viel mehr sind als das, was wir zu sein scheinen. Als Individuum sind wir der oder der, mit einem bestimmten physischen Aussehen, einer Identität, einem Namen, usw. Aber in unserer Seele und in unserem Geist sind wir viel mehr. Wir sind das ganze Universum, wir sind alle Wesen. Man findet in der Literatur Berichte von solchen Erfahrungen. Aber viele halten das für Spinnerei oder bestenfalls für poetische Fantasterei. Für die sogenannten normalen Menschen ist jemand, der sagt, dass er in den Bäumen, den Seen, den Bergen und der Sonne ist oder der gespürt hat, dass er die Gottheit war, offensichtlich ein Poet, ein Verrückter, und für manche religiösen Institutionen ein gefährlicher Ketzer, der den Tod verdient. Aber nein, dieser Poet, dieser Verrückte oder dieser Ketzer sagt das, was in Wirklichkeit auf jeden Menschen zutrifft.

Was gibt es Wichtigeres für uns, als zu wissen, was wir wirklich sind? Und das können wir nur erfahren, indem wir uns mit der Gottheit identifizieren. Diese Arbeit der Identifikation haben die großen Meister Indiens in den Worten zusammengefasst: »Ich bin Er«, auf die sich die Worte Jesu: *»Ich und der Vater sind eins«* beziehen. Diese Identifikation mit seinem Himmlischen Vater, die Jesus erreicht hatte, verlangt er auch von uns. Auch wir sollen sie verwirklichen, denn er sagt: *»Ihr sollt vollkommen sein, wie euer Himmlischer Vater.«*

Nur interpretieren die Menschen diese Worte Jesu auf eine oberflächliche, kindliche Weise, anstatt nachzudenken, in sich selbst zu suchen, um die Spuren ihrer göttlichen Abstammung in sich selbst zu finden. Gott ist ihr Vater? Das ist doch großartig! Ein allmächtiger Vater, voller Liebe, von dem man alles verlangen kann. Und sie benehmen sich wie launenhafte, fordernde und inkonsequente Kinder. Sie sind davon überzeugt, dass Gott sich verständnisvoll und nachgiebig zeigen wird, ganz egal, was sie tun. Es genügt, dass sie sagen: »Herr, ich habe diesen oder jenen Fehler begangen, aber ich glaube an Dich, ich weiß dass Du gut und barmherzig bist, vergib mir«, damit der Herr sie wieder in seine Arme nimmt. Eben nicht, ein paar Worte, begleitet von einigen guten Gefühlen genügen nicht. Der Herr schickt sie weg und sagt: »Geht euch zuerst waschen.« Denn der Herr kann nicht jemanden umarmen, der vor Ihm auftaucht, mit einem Gesicht, schwarz von Staub und Dreck. Wie groß auch immer die Liebe einer Mutter sein mag, wenn ihr Kind ganz verschmiert ist mit Marmelade oder Schokolade und es auf sie zuläuft, um sie zu umarmen, sagt sie zu ihm: »Geh dich zuerst waschen.«

Und Gott macht genau dasselbe. Trotz all seiner Liebe kann er euch nicht umarmen, wenn ihr euch nicht wenigstens ein bisschen gewaschen habt. Was bedeutet das? Dass es keine Vereinigung und Verschmelzung zwischen zwei Substanzen geben kann, die nicht von derselben Beschaffenheit sind. Und da Gott Licht ist, könnt ihr nur mit Ihm verschmelzen und euch mit Ihm identifizieren, wenn auch ihr zu Licht werdet. Wenn ihr bedeckt bleibt mit Staub und Dreck, dann bleibt ihr auch außerhalb der Gottheit, dann werdet ihr keine Verbindung zu ihr haben.

Wie viele Christen sind noch Kinder, Babys! Da Gott ihr Vater ist, wird Er sie empfangen, so wie sie sind: verschmiert und schmutzig. Und andere, um zu zeigen, dass sie von Gott eine so erhabene Vorstellung haben und dass sie tiefgründig über die Unvollkommenheit der menschlichen Natur meditiert haben, geben vor, bescheiden zu sein und nehmen dies zum Vorwand, den doch so vorrangigen Aspekt der Lehre Jesu beiseite zu lassen: Die Identifikation mit Gott. Deshalb sage ich euch nochmals, dass sie vor allem faul sind. Es ist einfacher, all die Unvollkommenheit zu unterstreichen, die die Menschen unendlich weit von Gott entfernt, als mit der wirklichen Arbeit zu beginnen.

Alles ist in Gott und Gott ist in allem, doch dieses Bewusstsein beginnt erst beim Menschen. Jetzt werdet ihr sagen: »Aber warum ist dann dieses Bewusstsein nicht wacher bei uns?« Das kann man nur in Bildern erklären. Als Gott in den Menschen eintreten und sich so manifestieren wollte, war das, als ob Er sich ein Vergnügen daraus machte, sein Bewusstsein durch lichtundurchlässiges Glas auszustrahlen. Aber die Dichte dieser Materie ist so, dass es Ihm nicht mehr gelingt, sich zu sehen. Es ist wie ausgelöscht, als wäre Er in uns verschwunden. Damit das göttliche Bewusstsein in unserer Seele erwacht, muss unsere Materie transparent werden. Dann wird Gott sagen können: »Endlich erkenne Ich mich. Das bin Ich. Hier bin Ich.« Und in dem Augenblick werden auch wir Ihn spüren.

Aber weil sich unser Bewusstsein verdunkelt hat, erkennt sich Gott dort nicht wieder. Da Er jedoch ständig an uns und in uns arbeitet und wir uns dieser Arbeit ebenfalls anschließen wird Gott sich in uns erkennen. Da Er uns erschaffen hat, kommen alle unsere Fähigkeiten zu denken und zu verstehen, von Ihm. Mit diesen Fähigkeiten erforschen wir sowohl die äußere als auch unsere innere Welt, und je mehr wir diese Fähigkeiten verfeinern, umso mehr werden wir uns unserer göttlichen Identität bewusst.

Ich leugne natürlich nicht, dass es gefährlich sein kann, bestimmte Dinge zu offenbaren. Nicht jeder ist bereit, die Worte Jesu zu verstehen: *»Ihr sollt vollkommen sein, wie euer Vater im Himmel vollkommen ist« (Mt 5,48)* oder *»Ihr seid Götter« (Jh 10,34)* oder *»Wer an mich glaubt, wird die Werke, die ich vollbringe, auch vollbringen und er wird noch größere vollbringen...« (Jh 14,12)* Doch diese Offenbarungen sind da, geschrieben, vervielfältigt und gedruckt seit Jahrhunderten. Es war die Aufgabe der Kirche, sie zu erklären, um die Menschen für diese Bewusstseinserweiterung vorzubereiten. »Ja,« werden manche Vertreter der Religionen sagen, »werden sie denn nicht hochmütig?« Das ist sehr gütig von ihnen, die Menschen vor dem Hochmut bewahren zu wollen. Als ob sie nicht andere Wege gefunden hätten, um hochmütig zu werden! Wenn sie nicht mehr wissen, auf welche Prinzipien sie ihren Glauben begründen sollen und schließlich behaupten, Gott nicht mehr zu brauchen und sie sich als Ungläubige und Atheisten ausgeben, was ist das dann? Bescheidenheit oder Hochmut?

Die Menschheit ist jetzt auf der psychischen und intellektuellen Ebene ausreichend entwickelt, um zu spirituellen Wahrheiten Zugang zu haben. Natürlich muss man vorsichtig sein. Aber in allen Lebensbereichen ist Vorsicht geboten. Und Vorsicht rechtfertigt nicht, dass man weiterhin vor dem Menschen verbirgt, was er über seine Herkunft wissen muss. Weil die Menschen nicht wissen wer sie sind, wissen sie auch nicht, was sie auf der Erde für eine Aufgabe haben..., außer so viel wie möglich von allen materiellen Annehmlichkeiten zu profitieren, die der wissenschaftliche und technische Fortschritt mit sich bringt. Egal, ob man dafür mit Zähnen und Klauen kämpfen, seinen Nächsten ruinieren oder gar töten muss!

Das Heil des Menschen liegt in seiner Fähigkeit, erkennen zu können, dass er ein Kind Gottes ist. Doch damit sich die Gottheit durch euch manifestiert, müsst ihr euch immer mehr bemühen, euch mit der Gottheit zu identifizieren, wobei ihr natürlich bestimmte Vorsichtsmaßnahmen ergreifen solltet. Zunächst einmal muss das Bewusstsein, dass die Gottheit in euch wohnt einhergehen mit dem Bewusstsein, dass die Gottheit ebenso in allen Menschen wohnt. So bleibt ihr bescheiden, einfach, liebenswürdig, verständnisvoll und offen gegenüber den anderen. Wir brauchen keine selbst ernannten Gottheiten, die nur befehlen und sich den anderen aufzwingen können, aber nicht in der

Lage sind, ihren Nächsten zu respektieren. Solche Leute sind gemeingefährlich! Ganz zu schweigen von den Gefahren wie Unausgeglichenheit und Wahnsinn, die diesen Leuten selbst drohen...

Außerdem, wenn ihr diese Übung der Identifikation macht, denkt nicht, ihr wärt Gott Selbst. Denn das ist wirklich Hochmut, und Hochmut macht undurchlässig, er trennt uns von Gott. Bemüht euch nur zu spüren, dass nicht ihr es seid, der da existiert, sondern dass nur Gott existiert und dass Er in euch nur in dem Maße existiert, wie ihr Ihm durch eine unablässige Arbeit die Möglichkeit gebt, sich zu manifestieren.

Aber macht euch keine Illusionen: Selbst wenn es euch gelungen ist, in euch diesen höheren Bewusstseinszustand wachzurufen, wo ihr euch mit der Gottheit eins gefühlt habt, müsst ihr wissen, dass ihr nicht ununterbrochen in diesem Bewusstseinszustand verweilen könnt. Das ist nicht möglich. Das wird vielleicht später möglich sein, in einigen Jahrtausenden. Bis dahin wird euer Bewusstsein gezwungenermaßen Höhen und Tiefen durchmachen, was aber kein Grund ist, den Mut zu verlieren. Eine solche Erfahrung, sei sie auch nur kurz, wird sich in der Folge in eurem Verhalten im täglichen Leben bemerkbar machen. Und wenn ihr euch danach gewöhnlicheren Tätigkeiten widmen müsst, was unvermeidlich ist, wird der Bewusstseinszustand, in dem ihr eure Aufgaben erfüllt, völlig anders sein.

Diese Frage muss für euch ganz klar sein. Jede Anstrengung, jede Übung auf der geistigen Ebene bringt Ergebnisse. Aber glaubt nicht, dass eure Gedanken, Gefühle und Handlungen immer von eurer göttlichen Natur inspiriert sein werden, weil ihr für einige Sekunden mit dem kosmischen Bewusstsein verschmelzen konntet. Nein, leider nicht, eure niedere Natur wird sich nach wie vor zu Wort melden. Dann solltet ihr versuchen, noch wachsamer und klarer zu sein. Denn es gibt nichts Schädlicheres für das spirituelle Leben, als in seinem Inneren nicht klar zu sehen. Fehler zu machen ist nicht so schlimm, unter der Bedingung, dass man sie bemerkt. Was wirklich schlimm ist, ist zu meinen, man sei vom Geist inspiriert, während man dabei ist, seinen niedersten Instinkten zu gehorchen.

Sich mit Gott zu identifizieren besteht nicht darin sich einzureden, dass man es geschafft hat, sich bis zu Ihm zu erheben, um sich von dort oben aus für allwissend und allmächtig zu erklären. Wenn ihr also diese Übung der Identifikation macht, dann denkt, dass ihr euch von der Unendlichkeit Gottes durchdringen lasst, dass ihr euch angesichts dieser Unendlichkeit ganz klein macht. Indem man sich selbst zurücknimmt, stärkt man sich und wächst. Auch auf diesem Gebiet herrscht das Gesetz der Polarisation: das Große und das

Kleine ziehen sich gegenseitig an. Gott, der unendlich groß ist, liebt das unendlich Kleine. Wenn ihr klein werdet, zieht Gott euch zu sich heran. Die Demut ist es, die es euch ermöglichen wird, mit Ihm zu verschmelzen.

Eine Wiedergabe dieser Idee findet sich auch im Lebensbaum. Wer bescheiden ist, zieht das Wohlwollen der Sephira Chesed an, der Sephira der Milde und des Mitleids, mit der im Tierkreis der Planet Jupiter verbunden ist. Der Stolze hingegen provoziert die Mächte der gegenüberliegenden Sephira Geburah, die Strenge, die überall dort die Ordnung wieder herstellt, wo diese bedroht ist. Und die Ordnung ist jedes Mal bedroht, wenn ein Anmaßender sich vor Gott hinstellt und vorgibt, Ihm gleichwertig zu sein. Sich mit Gott zu identifizieren bedeutet nicht, dass man so weit gehen darf, sich Ihm gleichwertig zu erklären. Nein, das nennt man ganz einfach »den Verstand verlieren«. Die Hochmütigen umgeben sich in Wahrheit mit einem Panzer, der sie von Gott trennt. Sie haben den Eindruck, dass sie größer werden, doch in Wirklichkeit sind nicht sie es, die größer werden, sondern ein Tumor, der in ihnen wächst. Sich aufzublähen ist nicht dasselbe wie größer zu werden. Das wahre Wachstum eines Menschen bewirkt, dass er Strahlen, Funken und Schwingungen aussendet, die auf alle günstig wirken.

Die menschliche Seele ist ein sehr altes Wesen, das ein großes Wissen besitzt, nur braucht sie viel Zeit und muss viele Anstrengungen unternehmen, damit dieses Wissen an die Oberfläche kommt. So viele trübe Schichten liegen zwischen uns und unserem göttlichen Bewusstsein! Deshalb gibt es nur eines was wir tun können: Die Methoden anwenden, die es uns ermöglichen, die Ablagerungen und Krusten aufzulösen, die in unserem Inneren verhindern, dass die göttliche Weisheit, Kraft und Liebe zum Ausdruck kommen.

Die Alchimisten der Vergangenheit suchten das universelle Lösungsmittel. Warum? Sie wollten diese trübe Materie in sich auflösen, diese schlechte Inspiratorin und gefährliche Ratgeberin, welche die Vereinigung mit Gott verhindert. Und die Demut ist eben ein solches Lösungsmittel. Dieses Lösungsmittel wirkt, wenn man weiß, warum man demütig sein muss. Es sind hier also einige Vorkenntnisse nötig, denn es geht nicht darum, sich bar jedes Unterscheidungsvermögens gering zu schätzen und herab zu setzen. Falsch verstandene Demut kann genauso viel Schaden anrichten wie Hochmut. Die wahre Demut ist jene, die es uns ermöglicht, unsere niedere Natur aufzulösen, damit wir uns mit der Gottheit identifizieren können.

XI

GOTT IST DAS LEBEN

In allen Religionen wird der höchste Gott als einzige Quelle des Lebens angesehen. Er gibt das Leben und nimmt es. Er ist der Herr des Lebens, denn Er ist das Leben. Doch was weiß man vom Leben? Man kann nur die Vielfalt seiner Erscheinungsformen beobachten und feststellen, dass in ihm alle Möglichkeiten und alles Gut enthalten sind, und doch bleibt es ein Mysterium. Mit dem Leben ist es also wie mit Gott. Was immer die Menschen auch versuchen, um sich der Geheimnisse des Lebens zu bemächtigen, es wird ihnen nicht gelingen. Weil die Biologen bei ihren Basteleien einige wenige Ergebnisse erzielen, wenn sie Zauberlehrling spielen, könnten sie sich vielleicht für einen Augenblick einbilden, dass es ihnen gelungen ist, doch sie werden schnell ihr Scheitern feststellen müssen, denn das Leben gehört nur Gott. Gott gibt das Leben, doch er bewahrt das Geheimnis Seiner Schöpfung, denn das ist sein ureigenstes Geheimnis: Er ist das Leben.

Wie alle Geschöpfe im Universum ist der Mensch Träger des Lebens, doch nur ein Träger. Seine Überlegenheit gegenüber den anderen Geschöpfen auf der Erde besteht darin, dass er dieses Leben nicht ausschließlich durch seinen physischen Körper empfängt, sondern auch durch sein Herz, seinen Intellekt, seine Seele und seinen Geist. Und damit dieses Leben sich in Fülle ausdrücken kann, muss er sich bewusst mit der Quelle verbinden: mit Gott.

Weil sein Leben eine Aufeinanderfolge von Anstrengungen, Leiden und zu überwindenden Hindernissen ist, muss der Mensch kämpfen und in diesen Kämpfen schwächt und erschöpft er sich. Man sieht: Tag für Tag geht etwas von seiner Substanz verloren und verblasst. Warum? Weil er sich nicht mit der Quelle verbinden konnte die sprudelt, der unerschöpflichen Quelle, der einzigen, die ihm immer neues Wasser bringen kann, immer neues Leben. Lebendig zu sein bedeutet, sich erneuern und regenerieren zu können. Jedoch wissen nur wenige was es wirklich bedeutet, sich zu erneuern. Die Mehrheit verwechselt das, was neu ist mit dem, was verschieden ist. Aber die Veränderung ist nicht notwendigerweise eine Erneuerung. Neu, wirklich neu, ist nur, was aus der Göttlichen Quelle kommt, und wir müssen uns mit dieser Quelle verbinden, um uns zu erneuern.

Es ist so schwierig, den Menschen, die darauf nicht vorbereitet sind, die Tatsachen der feinstofflichen Welt begreiflich zu machen! Deswegen wähle ich noch ein Beispiel aus dem täglichen Leben. Ihr habt zu Hause Elektroinstallationen, dank derer ihr Licht machen und heizen könnt. Und wie geht das? Indem ihr einen Stecker in eine Steckdose steckt. Ihr steckt den Stecker eurer Lampe ein – und schon habt ihr Licht. Ihr steckt den Stecker eines Heizkörpers ein – und schon habt ihr es warm. Ihr steckt den Stecker eines Radios oder Fernsehers ein und empfangt die Programme. Der Strom, der bis zu euch kommt und dank dem ihr diese Apparate betreiben könnt, kommt von einem Kraftwerk. Wenn ihr also eure Lampe, euren Heizkörper oder euer Radio nicht mit dem Kraftwerk verbindet, sitzt ihr im Dunkeln, friert und hört nichts von den Nachrichten, die um die Welt gehen. Symbolisch gesehen ist Gott dieses Kraftwerk, und alles, was das Leben ermöglicht, kommt von diesem Kraftwerk. Also bedeutet der Wunsch, Gott abzuschaffen, sich den schlimmsten Bedingungen spiritueller Dunkelheit und Kälte auszusetzen. Mir fehlen die Worte, um auszudrücken, wie unermesslich diese Blindheit ist... ich kann es wirklich nicht, da muss ich mich geschlagen geben.

Um physisch und spirituell lebendig zu sein, muss man sich mit dem Kraftwerk des Lebens verbinden. Manche werden sagen: »Jetzt haben wir verstanden, aber wie können wir uns verbinden? Wir haben weder Kabel noch Stecker.« Genau da täuscht ihr euch. Ich habe euch schon erklärt, dass die kosmische Intelligenz den Menschen mit subtilen Zentren ausgestattet hat, die es ihm erlauben, mit den geistigen Ebenen zu kommunizieren. Wir müssen uns zunächst bemühen, uns dieser Zentren, die man in der Welt der Seele und des Geistes mit den Organen der physischen Ebene vergleichen kann, bewusst zu werden, und uns gleichzeitig Verhaltensregeln zu Eigen machen, wodurch wir diese Zentren entwickeln können. All die Übungen und Ratschläge, die uns die Eingeweihten gegeben haben, und die man als ‚Moral' bezeichnet, müssen wir befolgen. Wir müssen sie nicht deshalb befolgen, weil es darum geht, uns vergänglichen menschlichen Gebräuchen zu unterwerfen und auch nicht darum, um einem Gott zu gefallen, der weiß wo über den Wolken wohnt. Der wahre Grund ist, dass jeder Gedanke, jedes Gefühl und jede Handlung Auswirkungen im tiefsten Inneren unseres Wesens hat und dazu beiträgt, dass das Leben in uns entweder bereichert wird oder verarmt.

Gott hat uns das Leben gegeben, aber um wirklich lebendig zu sein, müssen wir dafür einiges an Arbeit leisten. Es liegt an uns, dieses Leben, das wir bekommen haben, zu stärken, schöner, subtiler und spiritueller zu gestalten. Das Leben hat viele verschiedene Abstufungen. Wer auf den niederen Stufen des Lebens verweilt, kann nur mit jenen Ebenen der Wirklichkeit in Kontakt treten, die seinem Niveau entsprechen. Er durchtrennt die Verbindung zur Quelle und sagt dann: »Alles ist ohne Sinn, es gibt keinen Gott.« Das ist ganz normal, wie könnte er auch etwas von den höheren Wirklichkeiten erfassen? Wenn man in seinem Bewusstsein so weit unten bleibt, wie könnte man sich da an der Existenz Gottes erfreuen? Man spürt Ihn weder in sich noch außerhalb seiner selbst. Um das göttliche Leben zu spüren, muss man zunächst sein eigenes Leben göttlich gestalten. Das göttliche Leben in uns ist es, das die geistigen Zentren erweckt, mit deren Hilfe wir die Existenz Gottes fühlen.

Man darf sich also nicht die Frage stellen, ob Gott existiert, um sich zu entscheiden, welchen Sinn man dann seinem Leben geben wird. Man muss genau das Gegenteil tun: Allen Augenblicken seines Lebens einen immer tieferen Sinn geben. Dann braucht man sich nachher keine Fragen mehr über die Existenz Gottes zu stellen, denn es wird offensichtlich sein. Gott ist das Leben, die Fülle des Lebens, und um seine Gegenwart zu spüren, muss man lebendig werden und entdecken, dass alles um uns herum ebenfalls lebendig ist: Die Erde ist lebendig, das Wasser ist lebendig, die Luft ist lebendig, das Feuer und das Licht sind lebendig! Was kann ein Toter empfinden? Was auch immer ihr ihm gebt, er wird nicht reagieren, denn sein Leben ist fort und er kann keine Empfindung mehr wahrnehmen. Um Empfindungen zu haben, muss man lebendig sein. Ihr werdet sagen, dass ihr das wisst. Ja, so irgendwie, theoretisch, weiß das jeder. Aber das genügt nicht, und deshalb trifft man überall auf der Erde so viele wandelnde Leichen.

Es gibt ein Wesen, von dem wir völlig abhängig sind, deswegen müssen wir ständig die Verbindung mit Ihm aufrechterhalten und den Mut aufbringen, uns gegen all die inneren und äußeren Einflüsse zur Wehr zu setzen, die versuchen, uns daran zu hindern. Wer den Glauben an den Ursprung allen Seins verwirft, wird zwangsläufig alles herabwürdigen und erniedrigen, zunächst in seinem Inneren und dann um sich herum, denn er schneidet sich von der Quelle des Lebens ab. Sein Leben kommt von oben, es ist die Quintessenz von Gott selbst. Darum haben wir bei jeder unserer Beschäftigungen die Aufgabe, das Leben aufzufangen, ihm in unserem Inneren den Weg frei zu machen und zu lernen, es in all seinem Licht, seinem Reichtum und seiner Kraft zu bewahren, damit wir es auch um uns herum verbreiten können. Manchmal trifft man auf Menschen, die die Gabe besitzen, das Leben zu empfangen und es überall, wohin sie gehen, zu verbreiten und auszustrahlen. Am häufigsten sind sie unter den sehr spirituellen Menschen und den Künstlern anzutreffen, aber auch unter den sehr einfachen Menschen, die wenig Bildung haben. Die intellektuellen und sehr gebildeten Leute schneiden sich mit ihrer Angewohnheit, alles zu analysieren und zu unterteilen, vom Leben ab und sind deshalb trotz ihrer Kenntnisse unglücklich, ausgetrocknet und begehen viele Irrtümer. Es fehlt ihnen die wahre Lebensweisheit.

Bemüht euch, das Bewusstsein für das göttliche Leben zu nähren, das alle Dinge durchdringt, und ihr werdet um euch herum die Gegenwart subtiler, lichtvoller Geschöpfe spüren. Diese Wesen werden in manchen Religionen als Engel bezeichnet. Engel sind Emanationen des göttlichen Lebens. Die kabbalistische Überlieferung lehrt, dass sie Träger des reinen Lebens sind – und sie treten immer dann auf, wenn es euch gelingt, Augenblicke von großer spiritueller Intensität zu erleben. Bestimmte mystische Emotionen, bestimmte Zustände der Stille, bestimmte Schwingungen in der Atmosphäre eines Raumes, in dem ihr gebetet oder meditiert habt, sind ein Ausdruck der Gegenwart von Engeln. Ihr sagt, dass ihr sie nicht seht. Aber ihr seht eure Gedanken, eure Gefühle oder euer Leben doch genauso wenig, und doch zweifelt ihr nicht an ihnen. Ihr begnügt euch damit, was sie äußerlich zum Ausdruck bringen. Was man sehen kann, ist immer nur die äußere Hülle der Dinge, ihr äußerer Anschein. Das Wesentliche bleibt immer unsichtbar. Also werdet ihr die Engel vielleicht nicht sehen, aber ihr werdet ihre Gegenwart spüren, und diese Gegenwart ist eine Empfindung, an der man nicht zweifeln kann. Das ist das Leben: Schwingungen und Strömungen, die durch den Raum fließen.

Alles Leben hängt von Gott ab, von der kosmischen Quelle. Ihr ist es zu verdanken, dass die Vögel singen, die Blüten sich entfalten, die Sonne und die Sterne strahlen. Die Quelle erhält und ernährt alle Lebewesen. Diesen Gedanken sollt ihr nicht bloß in eure Notizbücher, sondern auch auf die Seiten eures inneren Buches eintragen. Die Kabbalisten sagten: »Schreibt den Namen Gottes auf eure Tür, euer Dach, auf euren Körper, euer Gesicht, eure Hände, in eure Seele, überall hin.« Denn wir sind nur dann lebendig, wenn es uns gelingt, die Verbindung mit Gott aufrecht zu erhalten.

Als ich ein junger Schüler bei Meister Peter Deunov in Bulgarien war, habe ich eine Gewohnheit bei ihm bemerkt, die mir nicht aus dem Sinn ging. Man hatte plötzlich den Eindruck, dass er alles um sich herum vergaß, um tief in sich zu gehen, und man sah, wie seine Lippen sich unmerklich bewegten und Worte aussprachen, die man unmöglich verstehen konnte. Das konnte jederzeit geschehen. Was auch immer er gerade tat, es kam immer ein Moment, wo er innehielt, die Augen schloss und so einige Worte sprach. Sein Gesicht drückte etwas außergewöhnlich Friedvolles und Tiefgreifendes aus, als ob er sich in eine andere Welt zurückgezogen hätte.

Natürlich wagte ich nicht, ihn danach zu fragen. Doch eines Tages gelang es mir, die Worte zu verstehen. Er sprach: »Slava na Tebe, Gospodi«, das heißt »Ehre sei Dir, Herr«. Und ich dachte: »Wenn ein großer Meister, der immer so eng mit dem Herrn verbunden ist, es nötig hat, mehrmals täglich Seinen Namen auszusprechen, dann müssen wir das umso mehr tun.« Und ich wollte ihn nachahmen. Im Laufe des Tages, wo auch immer ich bin, habe ich mir angewöhnt, immer wieder zu sagen: »Slava na Tebe, Gospodi«. Das gilt auch für euch. Denkt daran, das zu tun, auf bulgarisch oder deutsch, wie ihr wollt. Das dauert nur wenige Sekunden. Ob ihr zu Hause seid, auf der Straße oder bei der Arbeit, haltet einen Augenblick inne, um euch mit dem Herrn zu verbinden, sprecht diese paar Worte, die niemand hören kann, und ihr fühlt euch sofort verbunden mit der göttlichen Quelle.

Ich bestehe nochmals darauf: Das Wesentliche ist das Bewusstsein, mit dem ihr diese einfachen

Übungen macht. Selbst wenn das nur einige Sekunden dauert, macht es mit dem Gefühl, eine heilige Handlung durchzuführen. Die Intensität zählt, nicht die Dauer. Ist es euch noch niemals passiert, dass ihr euch plötzlich auf unerklärliche Weise glücklich fühltet, weil ein Gedanke oder ein Gefühl euch durchströmte, die alles in euch verändert haben? Der Rest des Tages ist dann, als wäre er von Licht durchflutet. Um wie viel mächtiger muss wohl der Gedanke Gottes sein, der Quelle, die das Leben im Überfluss verteilt! Alles hängt jedoch von der Bedeutung ab, die ihr diesem Gedanken beimesst. Macht es am Anfang so, dass ihr diese Formel mindestens einmal stündlich aussprecht: »Ehre sei Dir, Herr!« Nach einiger Zeit werdet ihr das ganz spontan tun, so wie ihr das Bedürfnis habt, zu atmen.

Es ist uns vorbehalten, Gott auf der Erde so zu preisen, wie es die Engel im Himmel tun. Unter den Tausenden von Vorträgen, die ich von meinem Meister gehört habe, hat mich besonders einer so tiefgreifend berührt und geprägt, dass er noch immer der erste ist, der mir einfällt. Wir waren auf einem der Gipfel des Rila-Gebirges und der Meister sprach von der Arbeit, die wir zur Ehre Gottes machen sollen. Das ist mehrere Jahrzehnte her und ich könnte jetzt seine Worte nicht mehr exakt wiedergeben, doch sie waren so lichtvoll, dass das für mich zu einer Offenbarung wurde. Sie haben mir ihr Siegel aufgedrückt, für den Rest meines Lebens. Vor allem erinnere ich mich daran, was ich gespürt habe, als ich den Meister sagen hörte, dass wir unser Hauptaugenmerk darauf lenken sollten, Gott durch unsere Worte, unsere Gesten und alles, was wir tun, zu ehren, denn so treten wir mit der Quelle des Lebens in Verbindung.

»Ehre erweisen«... Was bedeutet denn dieses Wort »Ehre« für die meisten Menschen? Sie sind zu sehr eingenebelt von den menschlichen Ehren, um zu verstehen, was die Ehre Gottes ist. In der sakralen Kunst, Malerei und Bildhauerei stellt man immer Christus oder das Dreieck der Heiligen Dreifaltigkeit umgeben von Lichtstrahlen dar, und diese Lichtstrahlen nennt man den »Glorienschein«.* Die Ehre ist also ein lichtvoller, strahlender Ausdruck des göttlichen Lebens.

Gott ist keiner dieser tyrannischen, eitlen Monarchen, die verlangen, dass man ihre Reichtümer, ihre Verdienste und ihre Taten rühmt und denen es ein Bedürfnis ist, alles, was sie umgibt, in den Schatten zu stellen. Gott braucht uns auch nicht, um Seine Wohltaten zu preisen. Alles, was wir über Ihn sagen können, fügt Ihm nichts hinzu, unsere Worte sind so armselig! Aber wir haben es nötig, den Herrn zu preisen, damit wir selbst in

*Anmerkung: von lat. gloria = frz. la gloire = dt. Ehre.

Sein Licht eintreten. Den Herrn zu preisen bedeutet nicht nur, uns immer wieder zu sagen, dass Er groß, mächtig und weise ist. Das genügt nicht. Wir ehren Gott, indem wir uns mit Ihm verbinden, indem wir daran arbeiten, unsere Gedanken, unsere Gefühle, unsere Wünsche und unsere Handlungen zu reinigen. Auf diese Weise treten wir in das Licht der göttlichen »Glorie« ein, und überall, wo dieses Licht hinfällt, sind dann auch wir gegenwärtig.

XII

GOTT IN DER SCHÖPFUNG

Die meisten Gläubigen haben als obersten Glaubenssatz, dass Gott der Schöpfer des Himmels und der Erde ist. Das rezitieren sie in ihren Gebeten und singen es sogar. Wenn Gott also der Schöpfer des Himmels und der Erde ist, dann bedeutet dies, dass Er in der ganzen Schöpfung gegenwärtig ist, in den winzigsten Atomen der Schöpfung, sogar in den Steinen. Ja, sogar der Fels ist ein Aspekt, eine Manifestation Gottes. Gott ist im Licht und Er ist auch im Fels. Welch eine Entfernung zwischen dem Fels und dem Licht! Aber im einen wie im anderen wirkt die göttliche Gegenwart. Diese wenigen Worte fassen die gesamte Weisheit der Eingeweihten zusammen. Dies ist eine so einfache Wahrheit, und doch ist sie dem menschlichen Verständnis so fern! Es dauert kaum einige Sekunden, um sie auszusprechen, aber es bräuchte Jahre, um sie zu erklären und es wird Jahrhunderte und Jahrtausende dauern, bis wir alle sie begreifen werden.

Alles was im Universum existiert, hat Anteil an derselben göttlichen Quintessenz. Wie hätte Gott der Schöpfer anders handeln können, als jedem Teilchen des Universums, das Er erschaffen hat, etwas von Seinem Leben zu geben? Der Polytheismus, den die Christen so sehr bekämpft haben, ist nichts anderes als eine Art und Weise auszudrücken, dass die gesamte Natur von Gott bewohnt ist. Man darf nicht glauben, dass die Pantheons der Hindus, Ägypter und Griechen den Gehirnen naiver und abergläubischer Menschen entsprungen wären. Sogar die jüdische Religion hat als erste in der Geschichte die Realität eines einzigen Gottes betont, ja, sogar die jüdische Religion hat Gott in der Kabbala mit verschiedenen Namen dargestellt, die seine verschiedenen Eigenschaften und seine unterschiedlichen Ausdrucksformen im Universum beschreiben.

Stellt euch jetzt einmal jemanden vor, der, ohne etwas über die christliche Religion zu wissen, eine Kirche betritt. Was würde er sehen? Menschen, die niederknien vor dem Bild eines Menschen, der an ein Kreuz genagelt ist und die sagen, er sei der einzige Sohn Gottes oder andere, die vor einem Vogel verweilen, einer Taube, die sie den Heiligen Geist nennen und der die dritte Person in einer Familie darstellt, die sie die Heilige Dreifaltigkeit nennen. Weiterhin würde er zahlreiche Bilder und Statuen sehen, die Engel, Erzengel, die Jungfrau Maria und alle Heiligen darstellen, vor denen die Gläubigen Opferkerzen entzünden und zu denen sie beten, damit sie ihnen Gesundheit, Erfolg, die große Liebe oder die Befreiung von ihren Feinden schenken, usw. Was würde dieser Besucher eurer Meinung nach denken? Dass auch die Christen, selbst wenn sie die Wirklichkeit eines einzigen Gottes predigen, sich einer ganzen Vielfalt von Gottheiten bedienen.

Ihr werdet sagen: »Ja, aber der Unterschied zwischen den monotheistischen und den polytheistischen Religionen besteht darin, dass man keinen Kult um die Naturgewalten, die Sterne und die vier Elemente betreibt, und dass Tiere und Pflanzen nicht als heilig gelten.« Sicherlich. Aber findet ihr, dass die Kultobjekte (Statuen, Gemälde, Glasfenster), die von Menschenhand geschaffen wurden, bessere Mittler zwischen der Gottheit und euch sind als alles, was Gott selbst in der Natur mit Seinem Leben erfüllt hat? Die Christen sollten also ihr Bewusstsein ein bisschen erweitern und verstehen, dass alle Religionen, in mehr oder weniger ausgeprägter Form, immer dieselben Ideen zum Ausdruck bringen: Gott, der das Universum erschaffen hat, kann sich offenbaren durch alle lebendigen Ausdrucksformen dieses Universums, von dem wir erst einen winzigen Teil kennen.

Um das Universum zu kennen, genügt es nicht, es mit den uns zur Verfügung stehenden Instrumenten zu erforschen. Wir müssen mit ihm auch in Austausch treten. Dieser Austausch geschieht bereits auf ganz natürliche Weise, denn wir können nicht leben, ohne Austausch zu haben mit der Welt um uns herum. Angefangen bei der Atmung und der Ernährung besteht unser Leben aus lauter Austausch. Die Sinnesorgane, der Tastsinn, der Geschmackssinn, der Geruchssinn, das Gehör, der Gesichtssinn sind uns ebenfalls gegeben, damit wir Austausch haben können. Auch unser Gefühlsleben und unsere Gedanken bestehen aus nichts anderem als aus Austausch und Zusammentreffen. Durch das Wort, die Gefühle und Gedanken weben wir unablässig ein Netz aus Kommunikationen, das die Basis für das Leben in der Familie und der Gesellschaft darstellt. Aber für die meisten Menschen spielt sich dieser Austausch noch auf einer unbewussten, instinktiven Ebene ab, worin sie sich nicht sehr von den Pflanzen und Tieren unterscheiden. Auch die Pflanzen und Tiere atmen und ernähren sich, auch die Tiere haben Sinnesorgane. Bei manchen sind der Geruchsinn, der Gesichtssinn oder das Gehör sogar besser entwickelt als bei uns. Und außerdem haben manche Tiere ein Familien- und Sozialleben, das so gut organisiert ist, dass jene, die es beobachten, begeistert sind.

Was haben also wir, die Menschen, zu tun? Wir

sollen uns bewusst werden, dass aller Austausch, den wir brauchen, um leben zu können, erst möglich wurde dank der Kräfte und Wesenheiten, mit denen der Schöpfer das Universum bevölkert hat und die ebenso Ausdrucksformen Seiner Gegenwart sind. Selbst wenn wir sie nicht sehen, sind diese Wesenheiten da, um uns zu helfen, durch die Nahrung, die Luft, das Licht der Sonne und durch alle lebendigen Wesen. Dank der Opfer dieser Wesenheiten, dank ihrer Liebe und ihrem Wunsch, mit uns in Austausch zu treten, sind wir noch immer lebendig: physisch lebendig, psychisch lebendig und spirituell lebendig. Wir müssen daher lernen, mit ihnen in Verbindung zu treten, sie mit Respekt zu behandeln als wertvolle Geschöpfe, denen man sich mit Behutsamkeit, Feingefühl und Musikalität nähern muss. Ja, mit Musikalität.

Es hängt allein von uns ab, ob wir die göttliche Gegenwart in allen Augenblicken unseres täglichen Lebens spüren können. Selbst wenn wir essen, ist Gott anwesend, denn die Nahrung bringt uns das Leben. Gott ist in der Nahrung gegenwärtig und wir müssen das Essen als eine heilige Handlung betrachten. Sicherlich werden manche Theologen behaupten, dass man nur im Brot und im Wein der Kommunion wirklich Gott sehen kann. Aber wenn Gott nicht genauso wirklich in den Lebensmitteln wäre, die unsere tägliche Nahrung sind, hieße das, dass es Orte gäbe, an denen

Er nicht ist. In Wahrheit ist Gott allgegenwärtig. In Form von Leben findet man Ihn überall. Wenn es ein Leben außerhalb von Ihm gäbe, dann hätte jemand anderer es dort deponiert. Und wer sollte dieser andere sein?

Um das Leben in seinem ganzen Reichtum und seiner ganzen Schönheit zu fühlen, müsst ihr überall nach der göttlichen Gegenwart suchen. Dann wird jeder Tag euch neue Entdeckungen bringen, und vor allem werdet ihr stärker. Es gibt kein wirksameres Mittel, um Schwierigkeiten zu begegnen, als das Leben in sich zu vertiefen und zu intensivieren. Was tun hingegen die Menschen? Sie verbringen ihre Zeit damit, an der Peripherie des Daseins nach dem zu suchen, was sie Erfolg und Glück nennen, und dieses Glück ist für sie oft gleichbedeutend mit Bequemlichkeit. Doch diese Bequemlichkeit kann sehr leicht durch den Lauf der Ereignisse in Frage gestellt werden, und dann brechen sie zusammen. Man muss jenen soliden Punkt in sich selbst finden, dem nichts etwas anhaben kann. Selbst wenn man leidet, selbst wenn man alles verliert, spürt man in seinem Inneren die Gegenwart von etwas, das unerschütterlich ist, etwas, das allen Schwierigkeiten standhält. Genau das bedeutet glauben.

Glauben zu haben heißt, jeden Tag Erfahrungen zu machen, die uns die Wirklichkeit der göttlichen Welt spüren lassen. Denn auch der Glaube ernährt sich von etwas, er ernährt sich von dem Bewusstsein, das wir von den Reichtümern haben, die Gott in allem deponiert hat, was uns umgibt: in der Erde, im Wasser, in der Luft, im Licht. Und er ernährt sich von den Anstrengungen, die wir unternehmen, um mit ihnen zu arbeiten. Wozu ist es gut, ständig zu wiederholen, dass man »an Gott glaubt, den Schöpfer des Himmels und der Erde«, wenn man nichts tut, damit dieser Himmel und diese Erde uns helfen, unseren Glauben an Ihn zu stärken? Man ist unbewusst, oberflächlich, man durchtrennt die Verbindung mit der Quelle des Lebens, und dann sagt man: »Nichts hat einen Sinn. Es gibt keinen Gott.« In Wirklichkeit würde euch der Sinn offenbar werden und ihr könntet die Gegenwart Gottes spüren, wenn ihr wenigstens lernen würdet, euch bewusst zu ernähren und bewusst zu atmen. Wenn ihr einmal einige Erfahrungen gesammelt habt, dann kommt ihr nicht umhin, in euch und um euch herum die Gegenwart jenes höchsten Wesens zu spüren, das alles erschaffen hat.

Das Leben ist unermesslich, voller Sinn und voller Reichtum, die den Menschen noch verborgen sind, und deshalb haben es sogar die Gläubigen schwer, ihren Glauben auf eine solide Basis zu stellen. Ja, auch sie verstehen es nicht, einen Austausch zu haben. Sie sind verschlossen. Und obwohl sie gezwungen sind, miteinander und mit der Natur zu kommunizieren, bleiben diese Beziehungen oberflächlich, weil sie nicht gelernt haben, dass sie durch diese Begegnungen mit dem göttlichen Leben Kontakt aufnehmen können. In ihrem Innersten sind sie wie Gefangene in einer Zelle ohne Licht, die gerade soviel Nahrung bekommen, um nicht ganz zu sterben. Sie fühlen sich allein, abgeschnitten von allem. Aber dieses Gefühl der Einsamkeit ist eine Illusion. Wären die Menschen weniger verbarrikadiert, verschlossen und auf sich selbst konzentriert, dann würden sie sich der Wirklichkeit einer unsichtbaren Welt bewusst werden, die von Geschöpfen bevölkert ist, die hier, in ihrer Nähe und unter ihnen leben, denn durch ihre Gedanken und ihre Gefühle ziehen sie diese Geschöpfe an.

Ob wir nun allein in der Natur oder in unserem Zimmer sind, in Wirklichkeit sind wir niemals allein: Es gibt Wesenheiten, die an unserem Leben teilhaben. Und wer für das Gute arbeitet, wird von lichtvollen Wesenheiten begleitet, die sich mit ihm freuen und ihm in seinen Schwierigkeiten helfen, indem sie ihm Auswege und Lösungen zu seinen Problemen aufzeigen. Meistens geschieht das, ohne dass er es bemerkt. Aber wenn er sich bemüht, sich der Gegenwart dieser Wesen bewusst zu werden, wird er natürlich mehr davon profitieren.

Der Schöpfer hat den Menschen alles gegeben, er hat ihnen alles zur Verfügung gestellt, aber sie versteifen sich darauf, auf so oberflächliche Weise zu leben, dass ihnen das beinahe gar nichts bringt. Betrachtet zum Beispiel den Austausch, den die meisten Menschen mit der Natur, den Tieren, den Bäumen, den Blumen usw. haben.

Nehmen wir nur die Blumen. Wer schätzt die Blumen nicht? Man bekommt sie gerne und verschenkt sie auch gerne. Man stellt sie im Haus auf, pflanzt sie im Garten und bewundert sie in Parks oder auf dem Land. Man ist entzückt über ihre Formen, ihre Farben und ihren Duft, aber man betrachtet sie in erster Linie als Dekorationsgegenstände, die dazu beitragen, das Leben angenehmer zu gestalten. Und daher bleibt auch hier alles oberflächlich und man empfängt nicht sehr viel durch die Gegenwart all dieser Blumen. In Wirklichkeit jedoch sind Blumen lebendige Wesen, mit denen man in Verbindung treten kann. Aber ja, eine Blume ist nicht bloß ein Stück farbiger, duftender Materie, sie ist die Wohnstätte einer spirituellen Wesenheit, die uns von der Erde und vom Himmel erzählt. Und wenn man weiß, wie man sie betrachten soll und sich mit ihr verbinden kann, dann tritt man auf diese Weise in Beziehung mit den Kräften der Natur, mit jenen subtilen Geschöpfen, die daran arbeiten, aus der Blume ein derart belebendes und poetisches Wesen zu machen.

Nehmen wir nun die Rose als Beispiel, die einen so wichtigen Platz in der Geschichte der Religionen, der Kunst, der Literatur und sogar in unserem gesellschaftlichen Leben einnimmt. Überall sieht man Rosen, verschenkt man Rosen, aber was bringt das wirklich? Wenn man sie erst einmal in eine Vase gesteckt hat, beachtet man sie nicht einmal mehr. Und doch wird eine Rose lebendiger, wenn ihr sie mit lichtvollem Bewusstsein betrachtet, und es entsteht ein Kontakt zwischen ihr und euch. Ihr spürt, dass ein herrliches Wesen diese Blume bewohnt und sich euch zuwendet. Manche werden sagen: »Aber das ist nicht möglich, so etwas liest man in Märchen, das ist alles.« Niemals werden wir in der Lage sein, die Stimme der Blumen zu hören! Man kann die Stimme der Blumen auf vielerlei Weise hören! Und wenn es euch so vorkommt, als seien meine Worte einem Märchen entnommen, dann erinnert euch daran, dass Märchen nicht bloß schöne Geschichten sind, die von Menschen mit viel Fantasie für Kinder erfunden wurden. Sie beziehen sich auf eine tiefgreifende Wirklichkeit, die ihr erst an jenem Tag erfassen könnt, an dem es euch gelingt, euch zu öffnen, um mit der ganzen Natur in Austausch zu treten.

In eurem Garten steht ein Baum. Ihr könnt jahrelang an ihm vorbeigehen, ohne ihm Aufmerksamkeit zu schenken, so als wäre er Teil einer Theaterkulisse aus Pappe oder aus Gips. Aber ihr könnt euch auch bewusst machen, dass er ein lebendiges Wesen ist, und sogar zu ihm hingehen, ihn begrüßen, mit ihm sprechen und euch von seinem Wesen durchdringen lassen. Denn ein Baum ist ein wunderbares Symbol von außergewöhnlicher Tiefe. Ihr werdet sagen: »Aber was kann das verändern?« Ja, natürlich ändert das auf der physischen, materiellen Ebene nichts. Aber auf der ätherischen Ebene wird der Baum mit eurem Leben angereichert und gleichzeitig werdet ihr durch sein Leben bereichert. Ihr profitiert davon sogar am allermeisten. Wenn sich die Menschen einmal mit den Mysterien des Lebens beschäftigen wollten, anstatt sich mit allen möglichen unnützen Dingen zu blockieren, würden sie fantastische Entdeckungen machen.

Schon in meiner frühen Jugend habe ich begonnen, solche Experimente zu machen, und ich tue dies noch immer. Ich spreche mit den Bäumen in meinem Garten, und wenn ich im Wald spazieren gehe, spreche ich ebenfalls mit den Bäumen, ich streichle sie und umarme sie sogar. Warum? Weil ich spüre, dass sie lebendig sind und ich mit diesem Leben, das von den Wurzeln bis zu den Spitzen der Zweige zirkuliert, in Verbindung treten möchte. Und außerdem nehme ich Kontakt auf mit den unsichtbaren Geschöpfen, die in diesen Bäumen leben und sich um sie kümmern. Denn genauso wie es Wesen gibt, die sich um die Menschen kümmern, gibt es auch Wesen, die sich um die Steine, die Pflanzen und die Tiere kümmern.

Ein Spaziergang im Wald tut euch immer gut. Ihr geht, ihr atmet die reine Luft und ihr kommt zur Ruhe. Aber in Wirklichkeit könnt ihr viel mehr tun. Ihr werdet sagen: »Aber wir können nicht glauben, dass die Bäume und die Menschen miteinander kommunizieren können!" Na gut, es steht euch frei, das nicht zu glauben, doch das beweist ganz einfach, dass ihr euch nicht richtig damit beschäftigt habt. Hättet ihr euch richtig damit auseinander gesetzt, dann wüsstet ihr es und würdet mit der Seele aller Bäume in Verbindung treten. Daher bedeutet die Aussage »ich glaube nicht« ganz einfach: »Ich habe noch keinerlei Erfahrung gemacht«, »ich bin unwissend«!

Alles liegt in der Art und Weise, wie man die Wesen und die Dinge betrachtet. Mit einem erleuchteten Bewusstsein können eure Gedanken der Ausgangspunkt für großartige Verwirklichungen sein. Ohne Bewusstsein jedoch verwirft man die dargebotenen Reichtümer, man versteht nichts und gewinnt nichts dabei. Schaut nur einmal wie die Menschen nebeneinander her leben: Sie gehen einander vorbei, laufen sich über den Weg ohne sich der Gegenwart der anderen bewusst zu sein, als wären es Holzklötze! Schaut einmal, wie sie aneinander anstoßen! Und ihnen dann zu erzählen, dass man das Leben in der Natur spüren soll – das ist wirklich zu viel verlangt! Sie müssen in ihrem Bewusstsein etwas ändern. Sie meinen und sagen, sie seien die einzigen wirklich lebendigen und intelligenten Wesen. Und um dieses Leben und diese Intelligenz zu beweisen, begrenzen sie sich, werden immer finsterer und töten alles in sich ab. Das ist die Wahrheit, die traurige Wahrheit!

Wir sind im Universum wie in einem Heiligtum, das wir mit einem heiligen Gefühl betreten sollen. Denn die Natur ist nicht nur lebendig, sie ist auch intelligent, und wenn wir uns ihr öffnen, dann antwortet sie uns und lässt uns an ihrem Leben teilhaben. Jetzt könnte man sagen: »Aber alle Abläufe in der Natur geschehen doch auf ganz mechanische Weise. Dahinter steckt keinerlei Intelligenz.« Ja, die Menschen haben beobachtet, dass das Universum Gesetzmäßigkeiten unterliegt, auf deren Basis sie die sogenannten »Natur-Wissenschaften« entwickelt haben, doch das ist kein Grund, diese Phänomene als »mechanisch« einzuordnen. Wenn ihr so denkt, tötet ihr euch ab, ihr verhindert, dass sich das Leben in euer Herz, in eure Seele, in euren Intellekt und sogar in euren physischen Körper ergießt. Ihr werdet erst an dem Tag wirklich lebendig, an dem ihr euch entschließt, mit diesem überall in der Natur gegenwärtigen Leben Verbindung aufzunehmen.

Angefangen mit der Erde, die so viele Schätze und Wunder in sich birgt, die die Samen keimen lässt und die Wurzeln aller Pflanzen nährt. Wie sollte man da nicht auch die Erde für lebendig halten? Ja, lebendig und intelligent! Habt ihr einmal über die Fähigkeit der Erde nachgedacht, alles umzuwandeln, was sie an Kadavern und Abfällen aus dem Menschen-, dem Tier- und Pflanzenreich aufnimmt? Abstoßenden Dreck, von dem ihr euren Blick abwendet, sobald ihr ihn seht. Sie nimmt ihn auf, wandelt ihn um, und bringt an seiner Stelle Bäume, wunderbare Blüten, Getreide, Gemüse und saftige Früchte hervor. Über welch großartige alchimistische Laboratorien muss sie verfügen? Warum wendet ihr euch also nicht an die Erde und bittet sie, dass sie euch dabei hilft, diese Arbeit der Umwandlung auch für euch durchzuführen? Setzt euch auf den Boden, macht ein kleines Loch in die Erde, legt einen Finger hinein und sagt: »Oh Erde, meine Mutter, die du mir meinen Körper geschenkt hast und mich jeden Tag ernährst, ich danke dir. Aber ich habe noch eine Bitte an dich: Da du die Macht hast, die übelsten Materialien umzuwandeln, nimm bitte all meine Unreinheiten, allen Schmutz, um daran zu arbeiten, und gib sie mir als Materie, so lichtdurchlässig wie Kristall zurück.«

Und wenn ihr euch die Hände wascht. Was gibt es Gewöhnlicheres, als sich die Hände zu waschen? Aber in Wirklichkeit ist nichts gewöhnlich und nichts unbedeutend, wenn man es bewusst tut. Denn das Wasser, das ihr berührt, ist der materielle

Ausdruck eines unsichtbaren Wassers, das durch das ganze Universum kreist. Ihr könnt daher mit diesem kosmischen Wasser Kontakt aufnehmen, es bitten, dass es euch reinigt, aber ihm auch eure besten Gedanken, Gefühle und Wünsche für euch und für die ganze Welt anvertrauen.

Manche werden einwenden: »Aber das ist entsetzlich: Wenn Sie uns empfehlen, Gebete an die Erde und das Wasser zu richten, verlangen Sie von uns, uns wie Heiden zu benehmen!« Auch hier kann ich euch antworten, dass das keine heidnischere Handlung ist, als wenn ihr vor einer Heiligenstatue oder einem Heiligenbild betet. Euer Protest zeigt, dass ihr nicht einmal den Sinn dessen verstanden habt, was ihr tut, wenn ihr betet. Nehmen wir einmal an, ihr habt zu Hause ein Heiligenbild oder eine Ikone. Jeden Morgen und jeden Abend zündet ihr eine Kerze vor ihr an und bittet sie, euch zu beschützen. Aber was glaubt ihr denn? Es ist doch nicht die Ikone, die euch beschützen wird, denn die Ikone ist ein Gegenstand aus Holz oder Karton. Was euch schützen wird, ist der innere Zustand, in den euer Gebet oder eure Meditation euch versetzt haben, die Einprägungen davon, die in euch bleiben und euch führen auf dem Weg des Lichtes, der Liebe und des Friedens.

Nur ihr selbst könnt wirklich etwas für euch tun. All die Bilder dienen bloß als Ausgangspunkt, als Hilfsmittel. Natürlich ist es möglich, dass diese

Ikone, vor der ihr jeden Tag gebetet habt, im Laufe vieler Jahre wirklich zu einem lebendigen, mächtigen Gegenstand wird. Aber das ist durch euch geschehen, dank des Lebens, das ihr ihr eingehaucht habt. Ansonsten kann euch diese Ikone von sich aus nichts bringen. Und wenn ihr euch an die Erde oder das Wasser wendet, dann nicht deshalb, weil ihr sie für allmächtige Gottheiten haltet, die eure Gebete erhören werden, sondern weil sie Hilfsmittel für eure innere Arbeit sind. Als Hilfsmittel sind sie deshalb besonders wirksam, weil sie lebendig sind, belebt von Gottes eigenem Leben. Und dasselbe gilt für die Luft und das Feuer.

Ihr könnt euer inneres Leben nur ernähren, indem ihr euch all der Lebewesen bewusst werdet, die euch umgeben. Wenn ihr also in die Natur geht, denkt daran, euch an die Geister zu wenden, die sie bewohnen und auch an die Engel der vier Elemente. Sagt zu ihnen: »Seid gesegnet, Engel der Erde, des Wassers, der Luft und des Feuers. Oh, ihr treuen Diener Gottes, seid gesegnet. Und ihr, Kinder der Natur, Geistwesen, die ihr Höhlen, Wälder, Berge, Meere, Flüsse, Winde, Wolken, die Sonne bevölkert, auch ihr sollt gesegnet sein.« Dann kommen von allen Seiten Scharen von Wesenheiten, die sich beeilen, um euch zuzuhören. Sie sagen sich, dass da endlich jemand ist, der ihre Existenz anerkennt und der sie segnet. Sie freuen sich, sie tanzen, sie singen, und auch ihr bekommt als Gegenleistung etwas, das euch lebendiger und stärker macht.

In seinem Brief an die Hebräer schreibt der Apostel Paulus: *»In ihm leben, weben und sind wir« (Apg 17,28).* Und wenn selbst die Christen diese Tatsache nicht spüren, dann ganz einfach deswegen, weil sie sich nicht öffnen. Obwohl sie von Wasser umgeben sind, haben sie noch immer Durst. Gott ist überall um sie herum und dennoch vergessen sie Ihn, sie sehen nicht und fühlen nicht, dass Er ihnen das Leben gibt. Sie sind verschlossen. Wenn sie sich in ihrem Innersten ein kleines bisschen öffnen würden, würde sich der göttliche Ozean in sie ergießen und sie mit seinen Segnungen überschwemmen. Aber solange sie sich nicht öffnen, solange sie die Macht dieses Austausches nicht verstanden haben, bleiben sie trocken, armselig und allein.

Austausch zu haben bedeutet, sich mit den geringsten Ausdrucksformen des Lebens in unserer Umgebung zu beschäftigen, sie zu betrachten, ihnen zuzuhören, sie zu respektieren und zu lieben. Denn diese Welt, die außerhalb von uns ist, ist auch in uns. Flüsse, Berge, Sonne, Sterne..., wir stehen in Verbindung mit der gesamten Natur, und diese Verbindung müssen wir vertiefen. Das Ziel des Lebens ist zu leben, ganz einfach. Und man kann nur leben, indem man Bande zu all den Wesen knüpft, die das Universum bevölkern: Die Naturgeister, aber auch die Engel und Erzengel, alle Gottheiten bis hin zum Schöpfer, der jedem Wesen und jedem Ding Sein Leben eingehaucht hat. Und so sollte man auch den Kinder den Glauben beibringen.

Alles, was in uns und um uns herum ist, erzählt uns von der Gegenwart Gottes. Aber für die Menschen genügt das nicht, das ist doch unglaublich! Sie hätten gern, dass Gott sich ihnen höchstpersönlich zeigt. Tatsächlich würde auch das für viele nicht ausreichen. Sie würden es sich so einrichten, dass sie nichts sehen, nichts hören und nichts fühlen würden. Gott müsste sich ihnen mit Blitz und Donner offenbaren, um ihren Panzer zu brechen, aber das tut Er eben nicht. Er lässt die Menschen in sich selbst die Mittel suchen, um Ihn zu entdecken.

Ihr werdet sagen: »Und trotzdem würde es uns helfen, wenn Gott seine Gegenwart mehr zeigen würde!« Glaubt ihr wirklich? Schaut doch einmal: Was gibt es Gegenwärtigeres, Sichtbareres, Strahlenderes als die Sonne? Nur, wenn man sich hinter seinen geschlossenen Fensterläden verbarrikadiert, bemerkt man nicht einmal, dass es sie gibt. Wenn ihr sie sehen wollt, müsst ihr wenigstens ein Fenster öffnen, denn die Sonne wird nicht versuchen, sich aufzudrängen, indem sie durch eure Wände und eure Fensterläden dringt. Und genauso müsst ihr, um die Gegenwart Gottes zu entdecken, in eurem Inneren wenigstens eine kleine Luke öffnen. Ja, es ist an euch. Wir müssen etwas tun, nicht Gott! Gott tut das Seinige ohnehin: Er ist da, und das müsste uns genügen. Es liegt an uns, das Nötige zu tun, um Seine Gegenwart zu fühlen. Es gibt eine höhere Bewusstseinsstufe, die uns ohne Unterlass den Sinn und die Schönheit der Welt offenbart. Wie könnten wir diese Gegenwart nicht spüren? Denn das ist Gott, und wir entdecken Ihn in dem Maße, wie wir spüren, wie reichhaltig und bedeutungsvoll das Leben ist.

Natürlich leugne ich nicht, dass Gott für die Menschen unfassbar ist. Da Er sich jedoch in Seiner Güte und Seiner Großzügigkeit der Menschheit zeigen will, hat Er überall in der Schöpfung Zeichen hinterlassen mit deren Hilfe man Ihn finden kann. Nur suchen die Menschen nicht nach diesen Zeichen, und selbst wenn sie sie unmittelbar vor Augen haben, entziffern sie sie nicht. Das Ergebnis ist, dass die Gottheit, an die sie glauben, für sie etwas Abstraktes bleibt. Und da sie in einer abstrakten Welt nicht leben können, haben sie eine große Zahl von Statuen, Medaillen, Kreuzen, Heiligenbildern und allen möglichen konkreten und materiellen Darstellungen des Göttlichen angehäuft. Das geht oft sogar ins Kindische und Lächerliche.

Wenn das Christentum einen Fortschritt in der Geschichte der Spiritualität der Menschheit darstellen soll, dann sieht man im Moment noch nicht sehr viel davon. Das liegt an den Christen selbst. Sagt zu ihnen, dass sie am Morgen dem Sonnenaufgang beiwohnen sollen und sie sind entrüstet und werden den Eindruck haben, dass ihr sie zum Heidentum zurückführt. Wenn man Christ ist, dann findet man erstens Gott nicht im Universum wieder, das Er erschaffen hat, und zweitens sucht man Ihn schon gar nicht in der Sonne, der Quelle des Lebens. Man sucht ihn in den von Menschen erbauten Kirchen, inmitten von Statuen und Bildern, welche die Menschen geschaffen haben. Das ist viel besser, nicht wahr?

Das Leben ist die stärkste Kraft aller Kräfte. Wir Menschen können uns nur mit Hilfe der Sonne einen Begriff davon machen. Wir sehen zwei Ausdrucksformen dieses Lebens: das Licht und die Wärme. Und wie oft habe ich euch schon erklärt, dass die Christen, wenn sie sich für die Sonne öffnen würden, das besser verstehen würden, was sie als das »Mysterium der Heiligen Dreifaltigkeit« bezeichnen, das Mysterium eines einzigen Gottes in drei Personen: dem Vater, dem Sohn und dem Heiligen Geist. Der Vater steht für das Leben, aus dem der Sohn und der Heilige Geist hervorgehen, das Licht und die Wärme, das heißt die Weisheit und die Liebe. Aber was kann ich machen, wenn die Christen nicht verstehen wollen, dass nur die Sonne das rechtfertigen und für sie verständlich machen kann, was die Grundlage ihrer Religion darstellt? Was kann ich tun, wenn sie sich einbilden, man wolle sie zu alten Kulten zurückführen, in denen man die Sonne als Gottheit anbetete, wenn man ihnen von Meditationen beim Sonnenaufgang erzählt?

Meister Peter Deunov in Bulgarien hat diese Übung eingeführt, im Frühling und im Sommer zum Sonnenaufgang zu gehen. Es gibt so viele Dinge zu verstehen, wenn man die aufgehende Sonne betrachtet, so viele Übungen, um sich von diesem Leben, diesem Licht und dieser Wärme durchdringen zu lassen! Schon ab der Dämmerung bereitet sich am Himmel ein wahres Ereignis vor. All die finsteren oder auch hellen Wolken, die da auftauchen und verschwinden... dann all die Farben der Morgenröte, wie eine Art Vorboten dieses strahlenden Wesens: der Sonne! Aber wie viele Menschen sind sich dessen bewusst, was die Geburt eines jeden neuen Tages bedeutet, in der sich seit Jahrmillionen unablässig die Geburt des ersten Morgens dieser Welt wiederholt?.. Und all die sichtbaren und unsichtbaren Geschöpfe, die diesem wunderbaren Erscheinen des Lichtes beiwohnen...

Doch die Menschen sind so wenig damit vertraut, ihre psychischen und spirituellen Fähigkeiten zu nutzen, die der Schöpfer ihnen gegeben hat, dass sie nicht wissen, was sie tun sollen, wenn sie einem Sonnenaufgang beiwohnen. Nach einiger

Zeit langweilen sie sich und gähnen. Sie haben genug davon, sich diese leuchtende Kugel am Himmel anzuschauen. Und sie wenden sich von der Sonne ab, um sich mit greifbareren Dingen zu beschäftigen... mit wichtigeren Dingen! Das Erstaunliche ist, dass so viele Menschen, wenn sie zufällig einen Sonnenaufgang sehen, erkennen, dass es sich um eines der schönsten Naturschauspiele handelt, die es gibt. Und trotzdem machen sie sich nicht die Mühe, diese Erfahrung zu wiederholen. Ja, wie viele Menschen verspüren den Impuls aufzustehen, um die Morgenröte zu begrüßen und dieses Licht in ihr Herz und in ihre Seele aufzunehmen, damit der ganze Tag genauso lichtvoll und rein wird?

Die Sonne ist das vollkommenste Abbild Gottes. Aber trotz dieser Vollkommenheit ist sie nur eine Form. Man muss weiter gehen, um Gott jenseits dieser Form zu suchen. Man muss Gott immer jenseits der Formen suchen. Wenn ihr also den Sonnenaufgang betrachtet, bemüht euch zu spüren, dass ihr dem besten Stellvertreter Gottes auf Erden gegenübersteht. Diese Empfindung wird dazu beitragen, die Schwingungen eures gesamten Wesens anzuheben. Alles in euch wird belebt, ihr werdet in die höheren Regionen des Raumes hinauf katapultiert, und sogar die Zeit tritt außer Kraft. Ihr lebt wie Gott, in der Ewigkeit. Ihr sollt wissen, dass ich euch hier die Wahrheit sage.

XIII

RABOTA, VREME, VERA: ARBEIT, ZEIT, GLAUBE

Auf allen Tätigkeitsgebieten trifft man auf Männer und Frauen, die Meisterwerke schaffen und hervorragende Leistungen erbringen. Ihr werdet sagen: »Das ist ganz normal, sie sind begabt.« Einverstanden, sie sind begabt, aber der begabteste Mensch der Welt erreicht nichts, wenn er nicht geübt hat, und das oft schon seit der Kindheit, jeden Tag, mehrere Stunden täglich. Um einen solchen Reichtum aus sich hervorquellen zu lassen und dabei den Eindruck zu erwecken, alles ginge leicht und einfach, wie viel Mühe musste er da auf sich nehmen, wie viele Schwierigkeiten musste er überwinden!

Arbeit, nur Arbeit bringt Ergebnisse, und das gilt für das spirituelle Leben noch viel mehr als für alle anderen Bereiche. Warum?... Weil man das spirituelle Leben nicht abgesondert vom Leben in seiner Gesamtheit betrachten kann. Nehmen wir zum Beispiel einen Musiker: Selbst wenn er ein

Genie ist, selbst wenn er sein Leben der Musik weiht, wird es einerseits nicht ausschließlich aus Musik bestehen, und andererseits kann er seine Begabungen entwickeln und dennoch weiterhin Opfer von unkontrollierten Begierden sein und ein chaotisches und unvernünftiges Leben führen. Die Fähigkeit, mit einer intellektuellen, künstlerischen oder körperlichen Tätigkeit zu glänzen, hat den Menschen noch nie vor den Machenschaften seiner niederen Natur geschützt.

In Wahrheit ist es einfacher, eine Begabung zu entwickeln, auf welchem Gebiet auch immer, als an den Schwächen und Mängeln unserer Psyche zu arbeiten, denn Letzteres ist eine Arbeit, die jeden Augenblick, Tag und Nacht, in Anspruch nimmt. Ja, sogar in der Nacht ist es möglich, diese Arbeit an sich zu vollbringen, wenn man weiß, wie man die Kräfte des Unterbewussten verwenden kann. Aber die Mehrheit der Menschen vernachlässigt es, auf diesem Gebiet zu forschen und Erfahrungen zu sammeln. Und ich sage euch sogar, dass sie sich diesen künstlerischen, intellektuellen oder körperlichen Aktivitäten meistens deshalb widmen, weil sie flüchten, vor sich selbst davonlaufen. Unbewusst vermeiden sie es, ihr Augenmerk auf sich selbst zu lenken, damit sie sich nur ja nicht veranlasst fühlen, selbst etwas zu ihrer Besserung beizutragen. Ja, sie flüchten, und auf diese Weise entfernen sie sich von Gott. Denn Gott kann man nur finden, indem man genau diese Arbeit an sich selbst vollbringt. Dieses Entfernen kommt nicht davon, dass sie sich bewusst entscheiden würden, den Herrn abzulehnen. Es kommt davon, dass sie ihre Aufmerksamkeit auf Tätigkeiten konzentrieren, wobei sie sich verzetteln und sich letztendlich verirren.

Als ich ein junger Schüler von Meister Peter Deunov in Bulgarien war und er mich zu einem Gespräch empfing, sagte er oft folgende Worte, wenn der Augenblick des Abschieds gekommen war: »Rabota, rabota, rabota. Vreme, vreme, vreme. Vera, vera, vera.« Rabota heißt Arbeit, vreme ist die Zeit und vera der Glaube. Niemals hat er mir erklärt, warum er diese drei Worte aussprach, und auch nicht, was sie für ihn bedeuteten. Am Anfang war ich zu jung um zu verstehen, aber ich habe viel nachgedacht. Im Laufe der Jahre habe ich begriffen, dass jede Verwirklichung, und ganz besonders jede spirituelle Verwirklichung auf diesen drei Faktoren beruht: der Arbeit, der Zeit und dem Glauben. Darum kann ich einigen, die sich bei mir beklagen, dass sie trotz all ihrer Anstrengungen keine Ergebnisse erzielen, nur antworten: »Von zwei Dingen kommt eines in Frage: Entweder ihr habt nicht genug gearbeitet oder ihr habt nicht gewusst, wie ihr arbeiten sollt«.

Das spirituelle Leben wird von denselben Gesetzen beherrscht wie das gesellschaftliche Leben. Stellt euch jemanden vor, der niemals sehr viel gearbeitet hat und wenig Geld verdient. Eines Tages braucht er einen großen Betrag, weil er zum Beispiel ein Haus finden muss, in dem er wohnen kann. Wenn er zum Schalter einer Bank geht, um diese Summe zu verlangen, mit der Gewissheit, dass die Bank sie ihm geben kann, weil dort viel Geld deponiert ist, wie wird man ihn empfangen? Seht ihr, auf der physischen Ebene weiß man, dass dies ein Versuch ist, der zum Scheitern verurteilt ist, doch auf der spirituellen Ebene glauben viele, das sei möglich. Sie wenden sich an die himmlischen Banken und tragen ihnen ihre Wünsche vor. Sie verlangen Wunder und erwarten, dass die Engel und Erzengel herabsteigen, um ihnen zu Hilfe zu kommen. Aber was haben sie dafür getan? Genügt es, in dem Augenblick, wo man Schwierigkeiten hat, einige Gebete zu sprechen, damit sich der Himmel öffnet, die Sonne in ihrem Lauf innehält und die gesamte Natur ihre Gesetze ändert? Wenn man zuvor nichts getan hat, um diese Hilfe des Himmels zu verdienen, dann kann man sie nicht bekommen.

Der Himmel ist da, weit geöffnet und bereit, all seine Segnungen auszuschütten, aber um sie zu empfangen, müssen wir etwas in uns selbst vorbereitet haben, durch unsere Liebe, unsere Uneigennützigkeit, unsere Geduld und unsere Treue.

All diese Tugenden sind Früchte, die wir hervorbringen, um sie dem Herrn zu geben. Wenn wir dann um eine Gnade bitten, werden wir erhört. So wie jemand, der bereits Kapital angesammelt hat, können wir bitten, dass man uns wenigstens die Zinsen auszahlt. Ihr werdet erwidern: »Das ist ein Bild, das nicht sehr poetisch ist, und überhaupt wurde das Geld, das auf den Banken liegt, nicht immer auf ehrliche Weise erworben.« Das weiß ich sehr wohl, aber dieses Bild ist wenigstens klar. Wenn ihr alle in der Lage wärt, die Wahrheiten des spirituellen Lebens zu verstehen – denn dieses Leben ist die wahre Poesie – wäre ich nicht gezwungen, solche Beispiele zu verwenden.

Wie viele Leute sind absolut bereit zuzugeben, dass man, um auf der materiellen Ebene Erfolg zu haben, überzeugt sein muss und arbeiten muss, ohne dabei Stufen zu überspringen. Und dennoch bilden sie sich ein, dass man auf der spirituellen Ebene leicht und schnell das verwirklichen kann, was man sich wünscht. Welch ein Irrtum! Man muss sich zuerst an die Arbeit machen, ohne jemals in seinen Anstrengungen nachzulassen. Außerdem darf man es nicht eilig haben, denn die Verwirklichung aller großen Dinge ist ein langatmiges Unterfangen, bei dem man die Stunden nicht zählen darf, die man investiert. Und schließlich muss man den Glauben haben, dass das, was man auf diese Weise unternimmt, eines Tages Ergebnisse hervorbringen wird, denn die Natur ist treu und wahrhaftig, und die Gesetze, die dort regieren, versagen niemals.

Arbeit, Zeit, Glaube – ihr ahnt gar nicht, welcher Reichtum in diesen drei Worten enthalten ist. Aber man kann sie natürlich auch in einer anderen Reihenfolge darstellen: Glaube, Arbeit, Zeit. Das Wesentliche ist, zu verstehen, dass diese drei Faktoren miteinander verbunden sind und wie sie es sind. Wir haben daher nur eines zu tun: Uns mit Überzeugung an die Arbeit zu machen, ohne uns darum zu kümmern, wie lange es dauern wird, um unser göttliches Ideal zu verwirklichen. Wir haben die Schlüssel, die Macht und die Mittel, um allem abzuhelfen, aber nicht auf einen Schlag.

All die inneren Stimmen, die uns ermutigen: »Steh auf, geh zum Licht!«, sind ein Kapital, das wir bereits in der Vergangenheit durch unsere Arbeit angehäuft haben. Ja, schon das Bedürfnis, das wir verspüren, auf dem Weg zur Vollkommenheit Fortschritte zu machen, ist das Ergebnis der Anstrengungen, die wir in der Vergangenheit unternommen haben. Und was geschieht, wenn wir einen Fortschritt auf der spirituellen Ebene machen, so gering er auch sein mag? Zerstreute, unorganisierte Kräfte, die seit Jahrtausenden in uns schlummern, erwachen und antworten auf unseren Ruf. So nehmen wir ganz plötzlich wahr, dass wir von einer ganzen Armee bewohnt waren, die darauf wartete, mobilisiert zu werden. In dem Augenblick, wo man einen Erfolg erzielt, entdeckt man ungeahnte Kräfte in seinem Inneren.

Manchmal müsst ihr eine Leistung vollbringen und fragt euch, ob ihr es schaffen werdet. Ihr zögert ein bisschen, dann entschließt ihr euch, und ihr seht, dass ihr es schafft, das Gewicht zu heben oder das Hindernis wegzuräumen. Dies beweist euch, dass ihr fähig seid zu solchen Anstrengungen, und indem ihr euch eurer Möglichkeiten bewusst werdet, spürt ihr, wie eure Kraft und euer Glaube zunehmen. Der Glaube ist also verbunden mit der Gewissheit, die man erlangt, wenn man Erfolge erzielt. Bei jeder neuen Anstrengung treten alle noch nicht zum Einsatz gekommenen Fähigkeiten ans Tageslicht und manifestieren sich. Aber man muss vernünftig sein und zunächst bescheiden damit beginnen, kleine Dinge zu verwirklichen. Wie viele wurden in ihrer Entwicklung aufgehalten, weil sie es nicht verstanden haben, bescheiden zu beginnen!

Ihr wollt ein Musikinstrument erlernen? Wenn ihr euch sofort an komplizierte Werke heranmacht, ohne euch vorher durch langes Üben vorzubereiten, dann werdet ihr sehr rasch darauf verzichten aufgrund der Hindernisse, auf die ihr stoßt. Ihr müsst also jeden Tag Tonleitern üben und viel Zeit mit den ersten Übungen verbringen. Um weit zu kommen, muss man langsam beginnen und sehr aufmerksam sein. Wenn ihr ein Stück zum ersten Mal spielt und einen Fehler macht, dann wird dieser sofort irgendwo in eurem Gehirn gespeichert und es besteht die Gefahr, dass ihr ihn jedes Mal wiederholt. Schaut einem Graveur zu, der ein Motiv auf eine Metallplatte eingraviert: Wenn er seine Arbeit beginnt, darf er keine falsche Bewegung machen; denn wenn er erst einmal einen Fehler gemacht hat, dann rutscht sein Gravierstab automatisch wieder in diese falsche Spur hinein und es ist unmöglich, das wieder rückgängig zu machen. Damit die erste Prägung vollkommen ist, muss er sie langsam und aufmerksam ausführen. Dann wird auch der zweite, schnellere Arbeitsgang gelingen, auch der dritte und so weiter. Genauso ist das mit der Arbeit auf der psychischen Ebene. Man muss langsam beginnen und sehr aufpassen, dass man nicht vom Weg abkommt. Welche Arbeit, welcher Aufwand erwartet euch sonst, um auf den richtigen Weg zurückzukommen!

Man glaubt, schnell vorgehen zu können, damit man Zeit gewinnt, aber tatsächlich geschieht genau das Gegenteil. Dieses Gesetz hat unglaubliche Auswirkungen. Im inneren Leben hat ein anscheinend unbedeutendes Detail große Folgewirkungen aufgrund dessen, was es im Bewusstsein erweckt. Wer einen Erfolg erzielt, spürt, wie sich sein Bewusstsein erweitert, und diese Bewusstseinserweiterung ist es, die zählt. Umgekehrt können ihn zu große Pläne nur zum Misserfolg führen, und dieser Misserfolg vermindert etwas in ihm, er lässt ihn das Vertrauen verlieren. Der Mensch ist zu großen Dingen im Stande, unter der Bedingung, dass er mit kleinen anfängt. Und je größer seine Ziele sind, umso bescheidener muss er beginnen.

Die größten spirituellen Verwirklichungen hängen an einigen einfachen täglichen Praktiken, und über diese Praktiken habe ich schon ausführlich gesprochen. Zum Beispiel folgende: lernen, zur Ruhe zu kommen, in Stille essen und sich dabei auf die Nahrung konzentrieren, um mit den vier Elementen in Verbindung zu treten, usw. es gibt so viele! Also, beginnt nicht damit, euch zu sagen: »In einigen Monaten, in einigen Jahren werde ich im göttlichen Licht leben, denn dann werde ich alle meine schlechten Neigungen besiegt haben.« Das ist nicht möglich, denn das sind Neigungen, die ihr seit vielen Inkarnationen genährt habt, und wenn ihr euch mit Illusionen auf den Weg macht, werdet ihr schnell entmutigt sein.

Das Wesentliche ist, sich zu stärken, und um sich zu stärken, muss man sich an ganz kleinen Dingen üben. Es zählt nicht so sehr das, was ihr verwirklicht habt, sondern die Tatsache, dass ihr euch stärkt. In den kleinen Dingen Erfolg zu haben, steigert jedes Mal den Glauben in eurem Inneren an die großen Dinge. Und wenn ich euch sage, dass ihr euch nicht sofort auf große Projekte stürzen sollt, dann deshalb um zu vermeiden, dass ihr euch Misserfolgen aussetzt. Aber versteht mich auch hier richtig: Es ist nicht die Tatsache schlimm, dass man versagt, sondern dass ihr mit jedem Misserfolg etwas mehr von eurem Glauben und eurem Vertrauen verliert. Und wenn der Glaube und das Vertrauen in euch weniger werden, dann vermindern sich ebenso die Kräfte, die mit ihnen verbunden sind. Vielleicht denkt ihr, dass ich euch hier bloß etwas über unbedeutende Details erzähle. Nein, die kleinen Dinge sind nicht notwendigerweise unbedeutend, und indem ich sie unterstreiche, möchte ich in euch die Aufmerksamkeit, die Neugierde und den Wunsch wecken, diese Dinge zu entschlüsseln. Wenn ihr genauer überlegt, werdet ihr verstehen, dass ich deshalb darauf bestehe, weil diese Details nicht unbedeutend sind, sondern wesentlich. Glaubt ihr, dass ich so dumm bin, dass ich mein Leben mit Tätigkeiten verbringe, die nicht der Mühe wert sind? Wenn das so belanglos, so unnütz wäre, dann hätte ich das schon vor euch bemerkt, meint ihr nicht?

Wenn ihr mit Überzeugung versucht, eine körperliche Leistung zu erbringen, dann sammeln sich eure Energien in euren Muskeln, aber auch in eurem Nervensystem, und ihr habt es leichter, es zu schaffen. Wenn ihr jedoch eure Kräfte überschätzt und versucht eine Leistung zu erbringen, die eure Möglichkeiten überschreitet, dann schafft ihr es nicht beim ersten Mal und Zweifel beginnt sich bei euch einzuschleichen. Ihr fragt euch, ob es sich lohnt, einen zweiten Versuch zu starten. Dieser Zweifel lähmt jene Kräfte, die beim ersten Versuch zu eurer Verfügung standen, und so misslingt auch das zweite Mal. Ihr stürzt sozusagen in den Graben, den ihr überqueren wolltet. Nur Glaube und Gewissheit lösen jenen Energiezuwachs aus, der eure Anstrengungen unterstützt, aber man darf diese auch nicht zerstören, indem man mit zu ehrgeizigen Projekten beginnt. Ihr habt Zeit.

Der Himmel verlangt nicht von euch, dass ihr Glanzleistungen vollbringt, er verlangt nur von euch, dass ihr eure Anstrengungen fortsetzt ohne nachzulassen. Ja, der Himmel beurteilt die Geschöpfe nur nach dem, was sie fähig sind zu geben, je nachdem über welche Mittel sie verfügen. Man trifft im Leben auf wirklich benachteiligte Menschen: Sie wurden in armselige Familien hineingeboren, wo man sie schlecht behandelt hat, wo sie schlechte Beispiele vor Augen hatten, sie sind nicht gesund, sie haben keine Ausbildung, doch durch nachhaltige Anstrengungen und eine unerschütterliche Überzeugung ist es ihnen gelungen, über diese Bedingungen hinauszuwachsen und zu verwirklichen, was anderen nicht gelang, die günstigere Voraussetzungen mitbrachten. Und genau das ist es, was der Himmel beobachtet, wenn er euch auf die Erde schickt: Ob es uns gelingt, etwas aus den Möglichkeiten zu machen, die wir bekommen haben und unter den Bedingungen, die uns gegeben wurden. Denn das Leben ist so reich an Möglichkeiten, dass wir immer etwas finden können, wodurch wir besser und spirituell reicher werden. Das schätzt der Himmel mehr als alles andere bei den Geschöpfen: dass sie es verstehen, die geringsten Möglichkeiten, die ihnen gegeben wurden, zu nutzen.

Sehr wenige Menschen sind in der Lage Erfolg zu haben, wenn sie sofort große Dinge in Angriff nehmen. Es gibt Bereiche wie den Sport, die Kunst, die Geschäfte, die Politik, wo man junge Leute findet, die schnell brillante Erfolge erzielen. Aber da dieser Erfolg oft auf keiner soliden Basis steht, kommt es vor, dass sie genauso schnell wieder abstürzen wie sie aufgestiegen sind, und dann... welches Leid und was für ein verpatztes Leben! Es ist richtig, dass es außergewöhnliche Menschen gibt, die durch Misserfolge niemals entmutigt, sondern sogar angespornt werden, nur sind solche Menschen sehr selten.

Für ein ausgewogenes seelisches Gleichgewicht müsst ihr daher bescheiden beginnen, damit ihr euch durch jeden neuen Erfolg ermutigt fühlt. Doch da gibt es noch eine psychologische Tatsache, die ihr kennen solltet: Entmutigung ist schon nichts Gutes, aber was noch schlimmer ist, das ist

Starrsinn. Ja, wie viele Menschen beharren starrsinnig darauf, eine Stellung, Funktionen oder Aufgaben zu erlangen oder zu behalten, auf die sie gar nicht vorbereitet sind! Und sie sind stolz auf ihren Starrsinn, denn sie wollen der ganzen Welt zeigen, dass nichts sie aufhalten kann, nichts sie beugen oder vertreiben kann. Für diese Leute wäre es besser aufzugeben, als dass ihr übertriebener Ehrgeiz sie dazu verleitet, ihren eigenen Kopf und den anderer einzurennen.

Es ist gut, ehrgeizig zu sein, doch ein Ehrgeiz, der nicht auf den entsprechenden Eigenschaften basiert, kann nur schaden. Und vor allem darf man Ehrgeiz und ein hohes Ideal nicht verwechseln. Worin liegt der Unterschied? Der Ehrgeiz sucht nach sichtbaren, greifbaren, materiellen Erfolgen, während das hohe Ideal nur den inneren, spirituellen Fortschritt sucht. Und leider haben viele Spiritualisten diesen Unterschied nicht begriffen. Manche versuchen, mit psychischen Mitteln Macht, Geld und Ruhm zu erlangen, weil sie unfähig sind, diese im gewöhnlichen Leben mit ihren Fähigkeiten und ihrer Arbeit zu erreichen. Und andere nehmen die paar Ergebnisse, die sie auf der spirituellen Ebene erzielt haben, zum Vorwand und bilden sich ein, sich als Meister präsentieren zu können, die in der Lage sind, Seelen zu führen. Und auch hier gilt: Was für ein Schaden für ihre Umgebung und für sie selbst!

Wer wirklich Fortschritte auf dem göttlichen Weg machen will, soll versuchen, so lange wie möglich abseits und im Verborgenen zu bleiben. Er drängt sich einerseits nicht vor und er hat es andererseits auch nicht eilig, von anderen dorthin gedrängt zu werden unter dem Vorwand, sie hätten in ihm einen spirituellen Führer erkannt. Um diese Funktion anzunehmen, muss man psychisch sehr gut gewappnet und sehr gut geschützt sein, was Jahrhunderte an Disziplin und Anstrengungen erfordert. Wer nicht ausreichend vorbereitet ist, erleidet ständig Schocks, denn die anderen verlangen zu viel von ihm. Und da er nicht in der Lage ist, diese Forderungen zu erfüllen, ist er ständig Konflikten ausgesetzt, Vorwürfen und sogar Drohungen, und sein Leben wird zur Hölle.

Zu wenige Spiritualisten sind sich der Verantwortung bewusst, die sie sich aufladen, wenn sie es wagen, die anderen im Labyrinth ihrer inneren Welt zu lehren und zu führen. Denn am Ende dieses Labyrinths sitzt ein Ungeheuer, das darauf wartet, sie zu verschlingen: Ihr kennt die Sage vom Minotaurus! Nur jemand, der lange im Hintergrund geblieben ist, um zu studieren, stärker zu werden und zugleich die Tugenden der Sanftmut und der Demut zu entwickeln, kann eines Tages die Menschen führen, ohne Furcht, sie auf Abwege zu führen oder von ihnen verschlungen zu werden.

Ein weiterer Unterschied, und zwar ein sehr

wesentlicher Unterschied zwischen dem Ehrgeiz und dem hohen Ideal ist, dass jemand, der von einem hohen Ideal getragen wird, niemals enttäuscht ist. Im Gegensatz zum Ehrgeizigen, der an seinen verlorenen Illusionen lange zu kauen hat, macht ihn schon allein das Vorhandensein dieses hohen Ideals in seinem Inneren glücklich, nährt und führt ihn. Ja, er weiß und spürt, dass er auf dem richtigen Weg voranschreitet, dass nichts seinen Fortschritt jemals behindern wird. Das genügt ihm, selbst dann, wenn ihm auf diesem Weg Fehltritte passieren, denn das ist unvermeidlich.

Es genügt nicht, sich zu entschließen, auf dem rechten Weg zu gehen, um sich dort ohne Murren zu behaupten. Auch hier muss man den Glauben bewahren und es vermeiden, sich beim kleinsten Irrtum, beim geringsten Sturz zu beklagen: »Ach, ich werde es niemals schaffen, ich bin dumm, unfähig, schwach und erbärmlich.« Denn das sind ganz einfach die Reaktionen von unangebrachtem Hochmut und verletztem Stolz. Man muss nur der Situation ins Auge sehen und sagen: »Hier sehe ich wieder einmal eine Manifestation meiner niederen Natur, aber ich werde daran arbeiten sie einzuschränken, ich werde meine Tiere in den Käfig sperren. Ich glaube an den Geist, der in mir lebt, und er hat das letzte Wort.« Denn das ist Glaube: Ein absolutes Vertrauen in die Macht des Geistes, in die Macht Gottes, der in uns lebt. Also, bleibt nicht stehen, selbst wenn ihr Dummheiten macht, selbst wenn ihr hinfallt. Steht wieder auf, vorwärts, trotz aller Schwächen, Stürze, Misserfolge und Fehler! Steigt immer höher hinauf, um eure niedere Natur zu besiegen. So werdet ihr erfahren, wozu der Glaube wirklich imstande ist.

Man darf sich also im spirituellen Leben niemals Sorgen um die Zeit machen, sondern sich nur fragen, ob man tatsächlich noch immer vorwärts schreitet auf dem Weg des Lichtes. In dem Moment, wo man sich sicher ist, dass man zum Licht geht, darf man keine Bedingungen mehr stellen, sondern nur noch weitergehen. Man könnte einwenden: »Aber bis ich ans Ziel komme, bin ich schon alt!« Na und? Auch das dürft ihr nicht in Betracht ziehen, denn sonst werdet ihr nichts tun und trotzdem alt werden. Ja, alt werdet ihr auf jeden Fall, aber alt ohne Licht, ohne Schönheit. Ja, glaubt mir, es ist besser alt zu sein mit dem Licht, mit Schönheit, Kraft, Intelligenz und Liebe. Dann, ja dann lohnt es sich. Mein Gott, es ist unglaublich, wie die Menschen die Dinge sehen und wie sie denken!

Damit das also wirklich klar ist, was auch immer ihr sagt, was auch immer ihr tut, auch ich werde diese Worte wiederholen: »Rabota, rabota, rabota. Vreme, vreme, vreme. Vera, vera, vera.« Ich bin wie der Töpfermeister aus dem Märchen.

Ah, das kennt ihr nicht?... Es ist ein bulgarisches Märchen. Es war einmal ein junger Bursche, der zu einem Töpfermeister in die Lehre ging. Dieser sagte ihm: »Du musst drei Jahre bei mir arbeiten, dann werde ich dir ein Geheimnis verraten, damit deine Töpfe wirklich strapazierfähig werden.« Der Junge begann zu arbeiten. Ein Jahr verging, dann ein zweites. Eines Tages sagte er sich, dass er bereits genug darüber wusste, und verließ seinen Meister, um seine eigene Werkstätte zu eröffnen. Doch alle Töpfe, die er machte, zerbrachen einer nach dem anderen. Also dachte er nach: »Da gibt es bestimmt irgendetwas, was ich bei meinem Meister nicht richtig beobachtet habe oder er muss etwas vor mir verborgen haben. Ich muss zu ihm zurückkehren.« Etwas beschämt kehrte er also zu seinem Meister zurück, der ihn aufnahm, jedoch unter der Bedingung, dass er nochmals drei Jahre bliebe. Als die drei Jahre abgelaufen waren, sagte der Meister zu ihm: »Hier ist nun das Geheimnis: Bevor du die Töpfe in den Ofen schiebst, musst du sie anblasen.« »Und nur dafür hast du mich so viele Jahre bei dir arbeiten lassen?« fragte der Lehrling verblüfft. »Ja«, antwortete der Meister, »nur dafür.« Aber da es sich um ein Märchen handelt, muss man im »Anblasen« einen symbolischen Vorgang sehen.

Also, auch ich habe ein Geheimnis, ich weiß, wie man strapazierfähige Töpfe macht. Und wo sind diese strapazierfähigen Töpfe? Das seid ihr, mein Gott, ihr hier seid das, widerstandsfähig und solide. Weil ich euch angeblasen habe. Aber regt euch nicht auf! Wenn ich »Töpfe« sage, meine ich in Wirklichkeit natürlich noble Vasen, Vasen, welche die Engel mit Blumen füllen, um sie vor dem Thron Gottes aufzustellen. Ja, wir sind alle Vasen. Unsere Herzen, unsere Seelen sind Vasen der Liebe, die der göttliche Töpfer geformt hat, damit sie das Elixier des ewigen Lebens aufnehmen. Ist das nicht die allerschönste und erstrebenswerteste Zukunft? Ihr seht, ihr solltet euch nicht ärgern, sondern weiterhin arbeiten, arbeiten, arbeiten, um diesen Vasen eine vollkommene Form, Farbe und Transparenz zu verleihen.

»Rabota, vreme, vera«: Arbeit, Zeit, Glaube. Vor allem »vreme«: Zeit. Deshalb sage ich so oft: »Weiterhin viel Vergnügen!« Mit einer Arbeit zu beginnen, ist noch keine Leistung. Durchzuhalten, das ist schwierig. Aber das ist auch das Wesentliche: Durchhalten! Also, weiterhin viel Vergnügen! Viel Spaß!... Jemand müsste ein Lied komponieren, ein sehr melodisches Lied: »Weiterhin viel Vergnügen!« Und natürlich würden wir es auch singen.

Selbst wenn ihr das allerhöchste Ideal habt, und vor allem dann, wenn ihr das allerhöchste Ideal habt, entschließt euch dazu, Demut zu entwickeln. Denn Demut bedeutet genau genommen, sich nicht einzubilden, dass ihr von einem Tag auf den anderen alle Erfolge erzielen werdet. Die Anstrengung ist Gesetz. Es ist also das Gesetz der Zeit, und nichts entgeht ihm. Diese Arbeit, die wir zu vollbringen haben, ist eine Sache über Jahrhunderte und Jahrtausende, und solange wir die Dauer eines Menschenlebens als Maßstab nehmen, geht unsere Rechnung nicht auf. Die Zeit hat immer das letzte Wort. Sie sagt uns, ob wir den richtigen Weg gehen oder nicht. Man darf es also nicht eilig haben. Wer es eilig hat, trifft zwangsläufig auf Misserfolge, die ihn entmutigen. Er arbeitet nicht mehr und gibt so dem Bösen eine Chance.

Das Schlimmste, was einem Menschen passieren kann, ist, den Geschmack an der Arbeit zu verlieren, die er jeden Tag geduldig an sich selbst verrichten muss. Auf diese Weise gibt er zu erkennen, dass er den Wert der Reichtümer nicht kennt, die er besitzt: All die Edelsteine, die Gott in ihm in Form guter Eigenschaften und Tugenden deponiert hat, lässt er im tauben Gestein schlummern. Niemals und unter keinem Vorwand darf man mit dieser Arbeit aufhören. Man muss immer weitermachen, ohne sich darum zu kümmern, ob sie Ergebnisse hervorbringt.

Genauso, wie die Edelsteine niemals ihren Wert verlieren, so kann uns nichts den Wert der guten Eigenschaften und Tugenden schmälern, die wir in uns tragen. Sobald wir an ihnen arbeiten, darf uns nichts anderes mehr kümmern, was auch immer geschehen mag. Der geringste Zweifel verrät, dass wir die Werte verkennen. Ihr verlangt nach Ergebnissen? Aber habt ihr sie nicht in Wirklichkeit schon, da ihr wisst, dass alles, was gut ist, ewig ist? Ihr sagt, dass das euren Horizont überschreitet? Ja, das verstehe ich, aber das macht nichts: Wenn ihr nicht alles heute erfassen könnt, dann versteht ihr es später, in einem Jahr, in zehn Jahren, in einem anderen Leben. Diese Wahrheiten werdet ihr zwangsläufig eines Tages verstehen. Wann? Wenn ihr gearbeitet habt. Was glaubt ihr denn, auch für mich gibt es Wahrheiten, die ich jeden Tag besser verstehen lerne, weil ich arbeite.

Rabota, vreme, vera: Arbeit, Zeit, Glaube. Der Glaube geht einher mit einer Arbeit, die langen Atem erfordert. Er ist das Ergebnis von tagtäglich wiederholten Bemühungen. Er ist etwas Lebendiges, das wir niemals aus unserem täglichen Leben ausschließen dürfen. Das muss man verstehen, um den Sinn der Worte Jesu zu verstehen: *»Wenn ihr Glauben habt wie ein Senfkorn, so könnt ihr sagen zu diesem Berge: Heb dich dorthin!, so wird er sich heben; und euch wird nichts unmöglich sein« (Mt 17,20).*

Wir können einen Berg versetzen, aber nur unter der Bedingung, dass wir nicht denken, dass man ihn auf einmal versetzen könnte. Man kann einen Berg versetzen, aber nur, wenn man einen

Stein nach dem anderen wegträgt! Jeder versetzte Stein, das heißt jeder Erfolg, so gering er auch sein mag, steigert unseren Glauben, denn wir fühlen uns dann beständiger, stärker, mehr Herr der Lage. Wenn wir einen Blick zurückwerfen, messen wir den schon zurückgelegten Weg... und dann kann es sein, dass schon nach der Hälfte der unternommenen Arbeit unser Glaube so stark geworden ist, dass wir den Rest auf einmal versetzen können.

Vom selben Autor

Reihe Gesamtwerke

1 Das geistige Erwachen
5 Die Kräfte des Leben
6 Die Harmonie
7 Die Reinheit, Grundlage geistiger Kraft
(früherer Titel: Die Mysterien von Jesod)
10 Sonnen-Yoga (Surya-Yoga)
Die Herrlichkeit von Tiphereth
11 Der Schlüssel zur Lösung der
Lebensprobleme
12 Die Gesetze der kosmischen Moral
13 Die neue Erde
16 Alchimie und Magie der Ernährung –
Hrani-Yoga
14/15 Liebe und Sexualität (Doppelband)
25/26 Der Wassermann und das
Goldene Zeitalter (Doppelband)
32 Die Früchte des Lebensbaums

Reihe Broschüren

301 Das neue Jahr
302 Die Meditation
303 Die Atmung
304 Der Tod und das Leben im Jenseits
305 Das Gebet
306 Musik und Gesang im spirituellen Leben
307 Das hohe Ideal
312 Die Reinkarnation
313 Das Vaterunser
315 Die Quelle des Lebens
318 Die wesentliche Aufgabe der Mutter
während der Schwangerschaft
319 Die Seele, Instrument des Geistes
320 Menschliches und göttliches Wort
321 Weihnachten und das Mysterium der
Geburt Christi
323 Meditationen beim Sonnenaufgang

Vom selben Autor

Taschenbuchreihe IZVOR

201 Auf dem Weg zur Sonnenkultur
202 Der Mensch erobert sein Schicksal
203 Die Erziehung beginnt vor der Geburt
204 Yoga der Ernährung
205 Die Sexualkraft
206 Eine universelle Philosophie
207 Was ist ein geistiger Meister?
208 Das Egregore der Taube o. das Reich des Friedens
209 Weihnachten und Ostern in der Einweihungslehre
210 Die Antwort auf das Böse
211 Die Freiheit, Sieg des Geistes
212 Das Licht, lebendiger Geist
213 Die menschliche und göttliche Natur in uns
214 Liebe, Zeugung und Schwangerschaft
215 Die wahre Lehre Christi
216 Geheimnisse aus dem Buch der Natur
217 Ein neues Licht auf das Evangelium
218 Die geometrischen Figuren und ihre Sprache
219 Geheimnis Mensch. Seine feinst. Körper u. Zentren
220 Der Tierkreis, Schlüssel zu Mensch und Kosmos
221 Alchimistische Arbeit und Vollkommenheit
222 Die Psyche des Menschen
223 Geistiges und künstlerisches Schaffen
224 Die Kraft der Gedanken
225 Harmonie und Gesundheit
226 Das Buch der göttlichen Magie
227 Goldene Regeln für den Alltag
228 Einblick in die unsichtbare Welt
229 Der Weg der Stille
230 Die Himmlische Stadt
231 Saaten des Glücks
232 Feuer und Wasser - Wunderkräfte der Schöpfung
233 Eine Zukunft für die Jugend
234 Die Wahrheit, Frucht der Weisheit und der Liebe
235 Im Geist und in der Wahrheit - Wie finde ich zu Gott
238 Der Glaube versetzt Berge

Auslieferung der Bücher

DEUTSCHLAND

PROSVETA Verlag, Postfach 16 52, 78616 Rottweil
Tel. 0741-46551, Fax 0741-46552
E-Mail: prosveta@prosveta-verlag.de, www.prosveta.de

EDIS GmbH, Mühlweg 2, 82054 Sauerlach

ÖSTERREICH

HARMONIEQUELL, Hof 37/4, 5302 Henndorf
Tel. und Fax +43 6214 7413, E-Mail: info@prosveta.at

SCHWEIZ

PROSVETA, Société Coopérative,
1808 Les Monts-de-Corsier
Tel. +41 21 9219218, Fax +41 21 9229204,
E-Mail: prosveta@swissonline.ch

Wenn Sie sich über die Anwendung der Lehre von Omraam Mikhael Aivanhov informieren möchten wenden Sie sich bitte an eine der folgenden Adressen:

Deutschland
UWB e.V., Marienstr. 33, 78588 Denkingen
Internet: www.uwb-ev.de, E-Mail: uwb@uwb-ev.de

Schweiz
FBU, Chemin de la Céramone, 1808 Les-Monts-de-Corsier
Telefon 021-921 93 90, Telefax 021-923 51 27

Österreich
UWB, Postfach 335, 5016 Salzburg